DICTIONNAIRE
NEOLOGIQUE
A L'USAGE
DES BEAUX ESPRITS
du siécle.

AVEC
L'ELOGE HISTORIQUE
DE
PANTALON-PHOEBUS.

Par un Avocat de Province.

par l'abbé Desfontaines

M. D. CC. XXVI.

AVIS
DE L'EDITEUR.

CET Ouvrage m'étant tombé depuis peu entre les mains , des amis pleins de zele m'ont excité à le mettre au jour. Mais comme quelques Lecteurs y pourroient trouver un sens ironique & malin , j'avertis le Public que mon dessein n'a été que d'être un peu utile à la Republique des Lettres. A l'égard des Auteurs , dont l'Avocat cite les expressions & expose les pensées , sans juger ici de son intention, je proteste avec sincerité que pour moi j'estime non-seulement leurs vertus , mais encore leur esprit, leurs talens , leur capacité , & même leurs Ouvrages. Je supplie donc chacun d'eux , d'être assez galant-homme pour ne me pas savoir mauvais gré du soin que j'ai pris de cette Edition , ou, s'ils se fâchent , de ne le faire connoître que noblement.

PREFACE.

Voici un Recueil des plus belles expressions que j'ay luës depuis quelques années dans les Livres nouveaux. Je sçai que le plus grand nombre des termes & des tours ingénieux dont j'ai composé ce Dictionnaire, est aujourd'hui si à la mode à Paris (du moins je me l'imagine, puisque les Auteurs qui les ont employés ont tant de célébrité) que ce n'étoit presque pas la peine de les remarquer. Aussi ce n'est pas pour Paris que je publie mon Livre, mais pour la Province, où les belles manieres de parler, en usage dans la Capitale, n'ont pas encore pénétré. Car le progrès de la mode du langage n'eſt pas ſi rapide , que celui de la mode des habits. Pourquoi faut-il que les ingénieuſes nouveautés qui perfectionnent l'art de la parole ſoient moins heureuſes, & ne ſe répandent au loin que plus difficilement & plus tard ?

Nous liſons les beaux Livres, mais faiſons-nous attention aux choſes précieuſes qu'ils renferment ? Nous ne remarquons point les découvertes & les enrichiſſemens de la langue , les expreſſions ſaillantes & les conſtructions heureuſement imaginées , dont d'illuſtres Ecrivains ont depuis peu décoré leur ſtile. Si nous les remarquons, nous n'en profitons point & à notre honte , nous parlons encore aujourd'hui en Province , comme on parloit à Paris il y a dix ans.

PREFACE.

Pour moi qui ai l'honneur d'exercer la profession d'Avocat dans une Ville de basse-Bretagne, je m'étudie le plus qu'il m'est possible à inférer dans mes Plaidoyers quelques élegances neuves, puisées dans nos Auteurs originaux & célébres. Ceux qui m'écoutent m'aplaudissent avec un ris moqueur, & disent quelquefois entr'eux que j'ai fait connoissance avec les *Précieuses ridicules* de Moliere. Pauvres gens que je vous plains, de condamner ce qui vous passe, & d'être par votre ignorance profonde dispensez du discernement des belles choses, & de l'admiration dûe aux graces modernes. Je cours, dit-on, après l'esprit. A cela je réponds avec notre judicieux *Spectateur François*. " Combien croit-on qu'il y a " d'Ecrivains qui de peur de mé- "

,, riter le reproche de n'être pas
,, naturels, font juftement tout
,, ce qu'il faut pour ne pas l'ê-
,, tre, d'autres qui fe rendent
,, fades, de peur qu'on ne leur
,, dife qu'ils courent après l'ef-
,, prit ? Car courir après l'efprit,
,, & n'être point naturel, voila
,, les reproches à la mode. ,,

Que ces reproches font injuf-
tes & peu analogues aux idées
du vrai ! En verité n'eft-ce pas
après l'efprit que courent tous
ceux qui fe mêlent d'écrire ? Oui
nous autres Ecrivains, nous cou-
rons tous après l'efprit. Nous tâ-
chons, felon la nature du talent
dont nous fommes partagés, d'é-
crire élegamment & avec grace ;
nous nous efforçons d'offrir toujours dans nos écrits, le neuf, le
beau, le hardi ; car point de
nouveauté, point de beauté,
fans hardiefle : Eh ! n'eft-ce pas

là courir après l'efprit ? Veut-on
que nous courions après le bon
fens ? Seroit - ce la peine d'é-
crire ?

Un Célébre moderne a fort
bien dit, *Nous fommes createurs de
notre métier* ; c'eft à-dire , que
nous devons créer des façons de
nous exprimer. La création des
penfées eft devenuë deformais
impoffible , & notre efprit à beau
penfer, il ne travaille plus qu'en
vieux. Mais ce vieux fera neuf,
ou du moins le femblera, fi nous
l'habillons de neuf , fi nous fça-
vons le revêtir d'expreffions ra-
res, de mots heureufement ha-
zardés , & de tours d'élocution
affranchis d'une certaine trivia-
lité infipide , qui confond l'efprit
fublime avec le rampant vulgaire.

Mais , dira-t-on , il eft interdit aux particuliers de s'ériger

en createurs de termes , & d'introduire dans le langage des façons de parler infolites. Sur quoi eft fondée cette maxime ? Sur un préjugé méprifable. Notre langue eft fort differente de ce qu'elle étoit il y a cent ans. Elle a adopté une infinité de termes qui auparavant n'étoient pas connus. On a donc créé des mots dont nous nous fervons aujourd'hui, comme s'ils étoient anciens ; nous ne nous informons pas même de leur âge : notre langue en eft devenuë plus riche & plus commode.

Direz - vous que la Langue Françoife eft parfaite à préfent, qu'elle renferme tous les mots néceffaires ou utiles , & qu'un enrichiffement ulterieur ne feroit que la gâter. Ce Dictionnaire fera voir clairement que fes befoins n'agueres étoient ex-

trêmes , avant que les illuftres
Auteurs que j'admire , l'euffent
foulagée par leurs brillantes lar-
geffes. J'ajoute qu'elle eft encore affés pauvre , & que fon in-
digence invite toutes les plumes
à lui faire la charité. Car à qui
apartient-il de faire des mots?
Eft-ce aux fçavans ? Eft-ce aux
ignorans? Il me femble que c'eft
aux fçavans.

Si vous dites , qu'on ne doit
point écrire un mot nouveau
qu'il n'ait été auparavant reçu
dans le commerce, & que le Public ne lui ait préalablement donné fon paffeport , vous ajugez
alors aux ignorans le droit dont
il s'agit. Car c'eft comme fi vous
difiez qu'afin qu'un mot foit lé-
gitime & puiffe être écrit , il faut
qu'il ait été fouvent prononcé
par des ignorans. Pour moi je
foutiens au contraire que fi quel-

que mot nouveau s'offre à notre efprit, il faut toujours commencer par l'écrire, enfuite s'en ferve qui voudra ; c'eſt un enfant expofé & deſtiné à périr ou à faire fortune.

C'eſt en vain qu'on a dit autrefois dans les *Difcours* de l'Académie Françoife, que notre langue étoit deformais immuable & que la perfection des Ouvrages de nos Académiciens ne permetroit pas qu'on changeât rien dans la fuite au langage françois. On juge aujourd'hui que c'eſt un vrai mérite, même un mérite Académique, de parler comme on ne parloit point du temps de la Fontaine, de la Bruyére & de Defpreaux. On propoferoit volontiers des prix pour l'invention des nouveaux termes, fi les prix n'étoient déja deſtinés pour des ouvrages très-intereſ.

fans & très-utiles au Public, &
diftribuez avec édification aux
grands Auteurs qui les difpu-
tent.

Que cette maxime eft avantageufe à la republique des Lettres ! ótez de nos plus beaux Livres nouveaux les termes inven-
tés & le langage tout neuf, ce n'eft
plus rien. A l'egard des vers c'eft
une chofe bien plus effentielle encore qu'à l'egard de la profe. ans
cette commodité de manier la
langue à fon gré, & de difpofer de
fes ufages, un Poëte illuftre de notre fiécle fût-il jamais parvenu
à publier en tout genre ces mil-
liaffes de vers qui lui font tant
d'honneur ? Non, fans doute, on
ne va pas fi loin, lorfqu'on eft
aftraint à l'uniformité du langage
connu, qu'on ne fe donne aucun privilege, & qu'on demeure refferré dans les bornes in-

grates d'une langue ſterile & ſcrupuleuſe. Nos vers ſont trés-difficiles : Pourquoi ? Il ne s'y agit pourtant que d'une meſure aiſée, accompagnée d'une rime periodique ; ce qui paroît aſſûrément d'une difficulté bien moins conſidérable que la combinaiſon des ſyllabes breves & longues qui compoſent les vers latins ; mais dans la vérſification françoiſe on ſent que les mots manquent. Faites des mots, inventez des conſtructions : voilà les vers françois rendus aiſés, & vous voilà fecond Verſificateur.

Mais ſans créer des mots, & ſans ſe faire une nouvelle Syntaxe, il eſt un art de ſe mettre à l'aiſe en écrivant, & d'enrichir même la langue ſans aucuns frais. Séparez des mots que votre oreille prévenue croit devoir être néceſſairement unis, & uniſſez-en d'autres d'autres qui n'ont point coutume de se voir ensemble. Joignez par exemple le mot le plus familier & le plus trivial avec un mot noble & sçavant, comme *Phenoméne potager*; transportez au stile élegant & à la Poësie les termes de la Grammaire ou du Palais, comme *Pléonasme & avancement d'hoirie*; employez des figures hardies, comme *Marchand de ramages*, pour dire, *Marchand d'oyseaux*; métathése admirable, qu'on pourroit imiter en appellant les Apoticaires des *Marchands de santé*, les Cabaretiers des *Marchands d'yvresse*, & les Libraires des *Marchands de science*, ou dans un autre sens des *Marchands d'ennui*. Inventez des métaphores surprenantes, comme *le Senat planetaire*, pour signifier les seize Planettes, comme *le Greffier solaire*, pour ex-

b

primer un Cadran, quoique j'aimaſſe mieux l'appeller *le plumitif ſolaire*, puiſque ce n'eſt pas le Cadran qui écrit, mais le ſoleil qui eſt proprement lui même ſon *Greffier*, & qui écrit ſur un Cadran comme ſur un Regître.

Toutes ces admirables fineſſes de langage, & toutes ces charmantes combinaiſons de termes ſont infinies dans le détail,& par-conſéquent notre langue peut s'enrichir à l'infini ſous la plume délicate d'un bel eſprit, qui ne doit point redouter l'application de ce vers échapé à un Moderne qui s'y eſt peint lui même,

Grand marieur de mots l'un de l'autre étonnés.

Un mot ne s'étonnera plus d'un autre mot, quand une fois l'Auteur leur aura fait faire connoiſſance. D'ailleurs qu'ils ſoient étonnés ou non, il n'importe,

pourvû qu'ils compofent un beau
fens , & qu'ils forment une image faififfante.

Je me flatte que les fameux
Ecrivains dont je rapporte les
ingénieufes expreffions dans mon
Dictionnaire, me fçauront point
mauvais gré de mon entreprife.
Je puis protefter au moins que
je n'ai point prétendu bleffer
leur modeftie, en citant leurs
écrits avec éloge : je n'ai eû en
vûë que l'utilité publique , &
mon caractére n'eft point d'être
flateur, comme ceux qui me con-
noiffent le fçavent bien.

Mais d'un autre côté j'ai fait
voir plus d'une fois que j'abhor-
rois la critique. Je ne crois pas
effectivement qu'il foit permis
en confcience de dire publiquement, & à plus forte raifon d'é-
crire, qu'un Ouvrage eft mauvais, qu'un tel Auteur écrit mal,

ou raifonne mal ; parce que je ferois fâché qu'on dît la même chofe de moi & de mes écrits. Je fuis extrémement fenfible & vindicatif , & je ne digere pas aifément la plus petite cenfure. J'aime fort à être loüé : je le fuis affez fouvent de certaines gens, & c'eft pour cela que la critique la plus douce me femble amere.

J'étoit fort tenté de mettre mon nom à la tête de mon Ouvrage , mais j'ai remis à une autre fois *la petite vanité qui m'en preffoit.*

J'ai ajouté à la fin du Dictionnaire la vie d'un grand Homme, dont je fouhaite honorer la mémoire. Ce bel efprit réüniffoit en lui feul la multiplicité partagée des qualités diverfes qui décorent nos illuftres Ecrivains modernes. J'ai tâché d'écrire fa vie d'un ftile digne de lui , & j'ai

pour cela mis en œuvre la plûpart des termes du *Dictionnaire
Neologique* : Termes, comme on
verra, bien autorisés, & que j'ai
une passion extréme d'accrediter
dans ma Province.

J'avertis le Lecteur que lorfqu'il est parlé dans ce Dictionnaire de la *Traduction de Virgile*, il s'agit toujours de celle qui
a été imprimée à Paris chez *Bar-
bou*, & que lorsqu'on s'appuye
fur l'autorité de l'*Histoire Romaine*, on entend celle qui fut
imprimée l'année derniere chez
Coignard fils, & qui a été dé-
bitée aux Souscripteurs. Par l'Auteur des *Poësies diverses* on entend l'Auteur des Poësies depuis
peu réimprimées *in-*octavo chez
Etienne. Comme je n'ose prendre la liberté de nommer mes
illustres garands (quoique j'eusse
cru leur faire honneur en les

PREFACE.

nommant) le Public trouvera
bon que je me ſerve de circon-
locutions prudentes , & que je
n'indique que les Ouvrages, ſans
nommer les Auteurs.

DICTIONNAIRE

NEOLOGIQUE

A L'USAGE

DES BEAUX ESPRITS

du siécle.

A

ACHEVEMENT. Donner l'*Achevement* à un ouvrage, pour dire l'achever, y mettre la derniere main. [*Pref. de la Traduction des Eglogues de Virgile.*] ADAGE. L'Auteur des *Nouvelles Fables*, dit *Fabl.* 14. *l.* 3.

Prenons la Taupe pour Arbitre :
Comme Themis, elle est sans yeux :

A

L'air grave & robe noire ; on ne peut choisir
mieux.

Chacun au Juge expose alors son titre,
La nouvelle Themis les entend de son trou ,
Et le tout bien compris, prononce cet *Adage* :
Qui forgea le soc , étoit sage,
Et qui fit l'épée , étoit fou.

Il est à remarquer que cet *Adage* est
un Jugement de la Taupe, & non pas
un Proverbe ; ainsi *Adage* peut desormais signifier un Arrêt, un Jugement.

AFFAIRE', (*Adj.*) Ce terme n'a
été jusqu'ici en usage que dans le discours familier , pour exprimer une
personne qui a beaucoup d'affaires ;
mais on l'écrit depuis peu, quoique le
Dictionnaire de Trevoux ait assuré
que ce mot est bas. Un Poëte Ma-
rotique employe ce mot dans sa belle
Piece des *Tisons*.

Gens importans, gens *affairez*.

On a beau les décharger de tout ,
ils n'en demeureront pas plus tranquilles , & ne s'en montreront pas
moins *affairez*. [*Homme univer-*
sel.]

AFFERMI , mot commun , dont
l'Auteur de l'*Iliade* a fait un singulier
usage. *L. 4. p. 73.*

Dans

Dans le meurtre, chacun par le meurtre *affermi,*
Veut payer de ses jours la mort d'un ennemi.

Affermi par le meurtre, dans le meurtre.
O la charmante expreſſion ! Mais
quelle magnifique antitheſe ! *Payer
de ſes jours la mort d'un ennemi.* En effet, ſi j'allois à la guerre, je ne me
contenterois pas de vouloir vendre
cher ma vie, & de la faire payer cher
aux ennemis de l'Etat ; mais je vou-
drois encore *payer la mort* de ces ennemis, & avec quoi ? Avec *mes jours.*
Que cela eſt grand & admirable !

A G E. L'âge d'un fait. » Ces pie- «
ces prendront rang ſelon leur date, «
& ſelon l'*âge* des faits qui y ſont chan- «
tez. » [*Mem. de Trev.*] Un fait ancien eſt un fait *âgé.*

A G R E S T E. » Les Romains é- «
toient un peuple *agreſte.* » [*Hiſt.
Rom. l. 1.*]

A I N S I D O N C. » *Ainſi donc,* mon «
Livre, vous allez à Rome, & vous «
allez à Rome ſans moi. » C'eſt ainſi
qu'on vient de traduire agréablement
le commencement du premier Livre
des *Triſtes.*

*Parve, nec invideo, ſine me, Liber,
ibis in urbem.* A ij

[*Traduct. des Elegies d'Ovide*] chez d'Houry 1724.

A BAS Un ouvrage imprimé souvent tombe *à bas*, dit l'Auteur de l'Epître à M. Etienne Libraire, p. 4.

A L'AISE. » L'expédient, pour rendre intelligible un Auteur si concis » & étroitement enveloppé dans son » ftyle, c'eft *de mettre ses pensées plus* » *à l'aise*, dans une jufte étendue de » difcours. » [*Mem. de Trev. Janv.* 1726.] Il s'agit de l'Apologie de la nouvelle Traduction de Gracien.

A L'AVENANT. Façon de parler qui commence à s'écrire. » Elle fe re- » tira, en lui répondant *à l'avenant* » de ce qu'il lui difoit. » [*Spect. Fr.* 1723. 4. *feuil. p.* 5.]

A L'E'TONNEMENT. Pour parler comme les autres, il falloit dire autrefois : *Au grand étonnement.* C'é- toit l'ufage. On fupprime aujourd'hui *grand.* » Le Payen, *à l'étonnement* de » l'Univers, attendri fur fa chûte, » couroit en furieux amufer fa dou- » leur dans les Théâtres. » [*Rel. Chr. prouv. par les faits. Préf.*]

AMOUR PROPRE. Les beaux Efprits font venir *l'amour propre* comme ils

veulent, & ont l'art d'en faire mention *très-gracieusement*. Ils se vantent d'avoir de l'amour propre, comme l'Auteur d'*Inès*, & l'Auteur des *Saillies d'esprit*. L'Auteur de l'*Histoire Romaine* donne un *raffinement* d'amour propre à un Romain, parce qu'il étoit paisible & sans ambition. » Paisible «
sans stupidité, mais par un *raffine-* «
ment d'amour propre, il avoit étouf- «
fé dans son cœur jusqu'aux premiers «
souhaits de son agrandissement. «
[*Hist. Rom. tom.* I. *p.* 383.]

AMPLITUDE, pour dire étendue.
Exemp. » Un terrain assez peu fre- «
quenté, eu égard à son *amplitude.* «
[*Hist. Rom. tom.* I. *p.* 273.]

ANCE'TRES. Les ancêtres, pour dire
les anciens. » Ce Dialogue est l'un «
des morceaux les plus travaillez qui «
soient venus de la main des *ancêtres.* «
[*Rel. prouv. par les faits. Pref.*]

ANNE'E. Pour dire qu'une telle année une chose se fit, il est beau de
dire, que l'année fit cette chose.
Ex. » La sixiéme année du Regne de «
Romulus & de Tatius rompit leur «
union. » [*Hist. Rom. l.* I. *p.* 120.]
Un célebre Moderne, pour dire

qu'il employeroit volontiers vingt ans
pour trouver un éloge digne du Roi,
s'exprime ainſi dans l'Ode intitulée,
l'Eloquence : (car je n'y trouve que
ce ſens.)

> Loin, fleurs communes ou fanées,
> J'achetterois de vingt années
> Un ſeul trait digne de Loüis.

ANIMER. L'Auteur des *nouvelles
Fables* dit que Loüis XIV. en mourant
anima le jeune Dauphin, *au bonheur
de tous :*

> De quelles leçons importantes,
> *Il l'anime au bonheur de tous!*

AINSI. Pour dire, Puiſque cela
vous plaît ainſi, l'Auteur de l'*Epître à
M. Etienne,*dit,*puiſqu'ainſi vous le plaît.*

AQUILON a toûjours paſſé pour
le nom du *vent de Nord ;* mais ſelon le
Traducteur des *Georg. p.* 183. c'eſt le
vent de Midi, & il le faut abſolument
croire.

ARBITRAIRE. »» La Religion eſt
»» au deſſus de l'*arbitraire* des conje-
»» ctures. »» [*Rel. prouv. par les faits.*]

ARMES. L'Auteur du Poëme de
l'*Iliade en Françoís l.* 3. *p.* 53. décrit
bien ingénieuſement les armes de Paris fils de Priam. *Il banniſſoit la crainte,*

dit-il, & rapelloit l'audace *sous le brillant rempart de sa cuirasse. Le magnifique poids d'une épée, ornement & défense à la fois, pendoit à son côté. Il portoit le fardeau secourable d'un bouclier, & il ébranloit un dard pour essayer son courage.* Quoique cela soit fort beau en prose, cela est encore mieux en vers.

Sous le *brillant rempart* d'une forte cuirasse
Son cœur bannit la crainte, & rappelle l'audace;
D'une épée, ornement & défense à la fois,
Pendoit à son côté *le magnifique poids.*
Il a chargé son bras du *fardeau secourable*
D'un bouclier épais & presque impénétrable;
Sur sa tête est un casque, où de *cent brins mou-*
          vans
Flotte une fiere aigrette abandonnnée aux
          vents.
Il prend enfin son dard *pour dernier avantage,*
Et semble en l'*ébranlant* essayer son courage.

Notez qu'il est mieux de dire en cette occasion *ébranler* que *branler.* Ne dites jamais *branler la tête, branler une épée,* &c. mais dites toûjours *ébranler.*

ARREST. Un Poëte, dont les expressions sont justes, fait dire à Achille ce beau vers à Lycaon qu'il tue. [*Iliad. l.* 10. *p.* 167.]

Oui, meurs, fils de Priam, ton nom est ton
     Arrêt,

ASSE'NER. On dit *asséner un coup*. Jusqu'ici le mot d'*assener* a emporté avec lui l'idée d'une action rude & vigoureuse; il faut, quand on employe ce mot, ménager toûjours cette idée. » Les Satyriques ressentent sur l'heure » une satisfaction secrette d'un coup » de langue bien *asséné*. » [*Homme Universel.*] Belle métaphore, qui nous représentent la langue d'un Satyrique, comme une grosse & lourde massuë, qui asséne de bons coups.

ASSURER. L'Auteur des Odes modernes dit qu'Homere a *assûré* aux Dieux l'immortalité de ses vers. [Ode intitulée, *L'Ombre d'Homere.*]

> Homere, l'honneur du Parnasse,
> Toi, qui par de sublimes airs
> *Assuras* aux Dieux de la Grece
> L'immortalité de tes Vers.

ASSIE'GER. L'Auteur de l'Iliade dit élégamment que les vens assiégent les rochers du choc bruyant des flots. Un choc *qui assiége*, ou plûtôt des vents *qui assiégent du choc des flots*. En verité cela est inimitable. [*Iliade l. 2. p. 35.*]

Quand les vents échappez des cavernes pro-
 fondes
Du choq bruyant des flots *affiegent* les rochers.

ASSOUPLIR. C'eft un terme de
manége, qui fignifie rendre un Cheval fouple, lui faire plier le col, les
épaules, & les côtes, à force de le manier. » C'étoit un efprit dur, une «
ame fiere, qu'il falloit *affouplir.* «
[*Mem. de Trev.*]

ATTIRE'E. Troyes s'étoit *attirée*
ces malheurs. [*Traduct. de l'Enéide*,
Préf. p. 23.] *Attirée* eft ici pour *at-
tiré*, malgré les regles de nos ignorans
Grammairiens. Le même Auteur parle ainfi très-fouvent.

A TORT ET A DROIT, *per fas & ne-
fas.* Cette heureufe expreffion a pour
autorité celle de l'Auteur de la *Rel.
prouv. par les faits.*

ATTRAPER un coup, pour dire re-
cevoir un coup. » Un Soldat qui va «
à la tranchée, voudroit-il devenir «
un Géant, pour *attraper* plus de «
coups de moufquets ? Ce mot pris
dans cette fignification a paffé jufqu'ici pour bas & familier ; cependant voici un celebre Academicien,
qui s'en fert dans fon *Traité du Bon-*

heur, p. 607. *de la nouvelle Edition en* 3. *vol. tom.* 1.

AVANCEMENT D'HOIRIE. L'Auteur des *nouvelle Fables*, parlant du fils d'un Peintre habile, qui peignoit auffi-bien que fon pere encore vivant, dit que ce fils reveillant la fublime induftrie de fon pere, s'eft fait donner *en avancement d'hoirie* une part de fon pinceau.

> Coypel digne héritier d'un Apelle nouveau,
> Qui réveillant fa fublime induftrie,
> T'es fait donner la part de fon Pinceau
> En pur *avancement d'hoirie.*

[*Fab.* 16. *l.* 1.]

AVANT DE eft mieux dit qu'*avant que de.* Ex. » Aftrée *avant de* fe reti-» rer au Ciel, avoit choifi les campa-» gnes pour fon dernier azyle. [*Georg.* » *p.* 217.] La pierre retomboit *avant* » *d'être* arrivée à la cime. » [*Ibid.* *p.* 256.] *& paffim.*

AVANTAGE. » Que ces vaiffeaux » *tirent l'avantage* d'avoir été con-» ftruits fur une montagne qui m'eft » dédiée. » *Profit noftris in montibus ortas.* C'eft-à-dire, *tirent avantage.* [*En. l.* 5. *p.* 297.]

AVANTAGEUX (*Adj.*) Ce mot

ſe trouve dans le Dictionnaire de Trevoux, pour exprimer un homme qui
parle inſolemment, qui eſt haut, &
préſompteux , & qui dit des choſes
fâcheuſes à celui qui le contredit.
C'eſt ainſi que ce Dictionnaire défi-
nit *l'homme avantageux.* Comme il ne
cite ni autorité , ni exemple, il eſt à
croire que ce mot pris en ce ſens ne
s'étoit point encore écrit. Il l'a été en
1723. » De peur qu'on ne me trai- «
te d'homme *avantageux,* qui prend «
ici le ton déciſif. » [*Pref. de l'Hom-*
me Univerſel.] On aſſûre néanmoins
que ce mot ſe trouve dans un Auteur
ancien : il eſt toûjours certain qu'il eſt
peu uſité , & peut-être qu'en ſoi il
eſt mauvais ; mais étant ſoutenu de
l'autorité de *l'avantageux* Traducteur de Gracien , qui oſera condamner ce terme?

AVARE. L'Auteur des *Fables nou-*
velles l'appelle *un infâme Anachorete* de
Beelzebut. [*Fab.* 19. *l.* 1.]

AVENIR. Le même Poëte dit ſçavoir *ſon avenir ,* pour dire ſçavoir ce
qui nous arrivera. [*Fab.* 13. *l.* 5.]

Un Lion Souverain d'Afrique,
Voulut un jour ſçavoir ſon avenir.

AVISER, pour dire découvrir de loin, felon Vaugelas & felon le Diétionnaire de Trevoux, eft un mot bas & de la lie du peuple ; mais il faut qu'il foit noble, puifque notre Fabulifte moderne s'en fert dans la 2. *Fab. du* 4. *liv.*

> Il *avife* un meurier tout aufli fec encore
> Que dans les froids les plus cuifans.

AURORE. L'Auteur de l'*Iliade* fait dire à Lycaon [*H. l.* 10. *pag.* 166.]

> Je n'ai vû hors des fers qu'une douziéme Aurore.

C'eft-à-dire, il y a douze jours que je fuis délivré de mes fers. Que cette expreflion eft claire & coulante ! Le nouveau Paraphrafte de Gracien dit dans fon *Heros p.* 268. » Le Cedre » croît plus *en une Aurore,* que l'Hy-» fope en une année. »

AUTEUR, au féminin. » Il s'em-» prefla de connoître *la premiere Au-» teur* de l'entreprife. » [*Hift. Rom. t.* 2. *p.* 70.] On joint quelquefois à ce mot une épithete feminine quand il fignifie une femme *Auteur* d'un Livre. Mais l'exemple qu'on vient de citer eft, comme on voit,

d'un

d'un autre genre & digne de remarque.

B

BARRE'. mot qui est beau dans
le style noble. « Le Romain «
qui se vit *barré* par ce campement «
inatendu » [*Hist. Rom. t. 1. p. 333.*]

BETAIL. L'auteur de la nouvelle
traduction des *Georg. p. 7.* traduit ainsi. *Tibi.... tercentum nivei tondent du-
meta juvenci.* « Toi qui fais élever «
trois *cens pieces de gros bétail* dans «
les paturages. » Trois cens *pieces de
gros bétail* est ici pour trois cens
bœufs. L'expression est belle & noble.

BIENFAISANCE. « Les loix doi-«
vent tendre à inspirer l'application, «
le travail, l'œconomie, la tempe-«
rance, l'équité, la *bienfaisance* »
[*Mémoire* pour diminuer le nombre
des procès. p. 37.]

BORGNE. « *Le genereux borgne* » en
parlant d'Horatius Cocles [*hist. Rom.
t. 2 p. 55.*]

BORNE. Ce mot pris dans le sens
figuré ne s'est dit jusqu'ici qu'au pluriel ; connoître les bornes de son es-

prit, se tenir dans les bornes de son état. On s'en sert aujourdui au singulier. » Les Magiciens sentirent *la » borne* de leur pouvoir. » « La mul-» titude croit reculer *la borne* de ses » conceptions » [*Relig. prouv. par les faits.*]

BOURGEOIS de Rome est plus expressif que Citoyen Romain; l'Auteur de *l'hist. Rom.* préfere *les Bourgeois* aux Citoyens. » Les *Bourgeois* » de Rome sentirent qu'ils s'étoient » enlevés à eux-mêmes leur plus ze-» lé defenseur. » *tom.* 2 *p.* 397. & en plusieurs autres endroits. C'est vainement que l'Auteur de la *Pharsale* en vers burlesques commence ainsi son Poëme.

Je chante deux *Bourgeois* de Rome

Le mot *de Bourgeois de Rome* n'a rien de Burlesque, puisqu'aujourdui on l'employe dans un Ouvrage sublime.

BOURSE, *Faire bourse commune.* Le Fabuliste moderne dit fort noblement *Fable* 4. *liv.* 4.

De gloire & de butin faisons *bourse* commune,

BOIRE. Le même Auteur dit ingenieufement, *boire* l'efpoir à pleines coupes. *Iliade.* 9. *p.* 152.

La nuit fe paffe au Camp, où cependant les Troupes

Boivent dans les feftins l'*efpoir* à pleines coupes.

BOULÉVERSER les traits d'un vifage [*Spect. Franc.* 1723. 7. *f.*]

BRODERIE, mis en ufage dans le ftile élevé : Ex. « Plutarque n'a « choifi que des parcelles de l'hiftoire « Romaine ; lorfque nous rejoignons « au tout les membres qu'il en a fé- « parés, fa *broderie* furpaffe de beau- « coup le riche fond des autres Ecri- « vains » [*pref. de l'Hiftoire Romaine.*]

BRUITS. Dans la préface de la traduction de l'Eneïde p. 7. on lit, qu'Homere ne fit que *recoudre des bruits* déja femés par toute la Grece. *Recoudre des bruits*, bonne expreffion.

BUCHER. L'Auteur de l'Iliade Françoife l. 4. p. 62 dit, *ne laiffe que l'honneur du bucher*, pour dire, tuer.

Et qu'auffitôt le trait, que tu vas décocher,
Ne laiffe à Menelas que *l'honneur du bucher.*

C'eft en vain qu'on a reproché à l'Auteur, que Minerve parloit ici en précieufe ridicule. Les Précieufes ridicules de Moliere avoient-elles tant d'efprit?

BUCHER *mortuaire*. C'eſt ainſi qu'un Moderne appelle le bucher où l'on brûloit les morts. [*Hiſt. Rom. t. 2. p. 105.*]

C

CANDIDEMENT; pour dire avec candeur. » Il y a peu de gens » qui parlent *candidement* quand ils » veulent taire une vérité. [Diƈt. de Trevoux, qui ne cite aucun Auteur ſur cette expreſſion.]

CAMPAGNE «La crainte & la jalou- » ſie *le mirent en campagne* » [*Hiſt. Rom. tome 1.*] c'eſt-à-dire, que la crainte & la jalouſie lui firent pren- dre les armes.

CAPTIF. L'Auteur d'*Inés* dit, des *dépouilles captives*. En effet tout ce ce qui accompagne les captifs eſt captif. Leurs habits, leur chemiſe, leurs ſouliers, &c. ce ſont autant de captifs.

CARATS. On dit un homme fou à 24 carats; mais il eſt beau auſſi de dire un homme vertueux à vingt- quatre carats. Car un grand Auteur dit : « Un homme qui voudroit être « juſte à vingt-quatre carats. » (*Fab.* *20. l. 2.*)

CELERITE' , pour exprimer la promptitude d'une action, eſt un mot qu'on trouve en pluſieurs Auteurs , & qui eſt d'un uſage frequent. Nous allons rapporter cette phraſe de la *Préface de l'Hiſt. Rom.* ſeulement à cauſe de la béauté de la figure. « Les Romains bâtirent « des navires avec une celerité ca- « pable de faire croire , que leurs « forêts avoient été tout-à-coup « métamorphoſées en galeres. »

C'EST BIEN FAIT A VOUS , phraſe très-élégante. Notre Fabuliſte moderne commence ainſi la 16. Fable du troiſiéme Livre.

> Rois, vous aimés la gloire, & c'eſt bien fait à vous.

CESAR. » Je tâcherai de rendre à » Ceſar ce qui appartient à Ceſar. » C'eſt une heureuſe application que l'Auteur de l'*Hiſtoire d'Eſpagne* promiſe , mais non encore délivrée aux Souſcripteurs indulgens , fait des paroles de J. C. *Rendez à Ceſar ce qui appartient à Ceſar* , à la Traduction qu'il

promet encore des Commentaires de
Jules Cefar. (*Voyez le Projet imprimé*
in-fol. *fur la fin de* 1725.)

CHAILLE. L'Auteur des *Poëfies di-*
verfes dans fon Epître à Madame de
Chailli, s'exprime ainfi.

> Peut étre fort peu vous en chaut,
> Mais, *ma Chailli*, qu'il vous en *chaille*
> Ou qu'il ne vous en *chaille* pas,
> Je vais tâcher vaille que vaille,
> De fortir de cet embarras.

Le jeu de mots, de *ma Chailli* & de
Chaille eft tres-joli.

CHANCE. L'Auteur des *Fables nou-*
velles voulant exprimer l'action d'un
animal qui faute pour attraper quelque chofe, & qui la manque, appelle fort bien cela, *prendre l'air pour*
toute chance. (*Fab.* 10. *l.* 1.)

CHARGE' D'AGE, pour dire *vieux*;
(Fab. 3. l. 5.) *Un Renard chargé*
d'âge.

CHOUX gras. L'Auteur de l'Epître
à M. Etienne, pour dire qu'il aban-
donne fes vers, s'exprime ainfi fans
baffeffe.

> Prenés mes vers, faites-en vos choux gras.

Et en parlant des Troyens, il dit.

> De l'Italie ils firent leurs choux gras.

Il ajoute élegamment, que les Romains *firent de l'Univers une matelotte.*

CHUTE. « Il marque les differen- « tes erreurs qui s'étoient élevées, « & le tems de *leur chûte aux pieds de la* « *Foi.* » (*Rel. prouv. par les faits.*) Que cette chûte est belle ! « La nou- « velle Babylone orgüeilleuse des trois « cens triomphes qu'elle attribuoit à la « faveur de Jupiter, tombe d'une « *chûte immense.* » Autre belle chûte ! (*Ibid.*)

Chute n'a pas seulement une signification neutre, mais encore une signification active. Sur ce principe, Achille dit fort bien dans l'*Iliade Françoise,* *liv. i. p.* 8.

Qui m'anime moi-même *à la chute* de Troye.

CLANDESTIN. Un Voïageur qui voïage à l'insçû de tout le monde, s'appelle par notre nouveau Fabuliste, un *Voïageur clandestin.* (*Fab.* 13. *l.* 1.) Ainsi *clandestin* peut desormais s'appliquer à la personne, comme à la chose. On dira, un Amant *clandestin*, un Auteur *clandestin*, un Négociant *clandestin*, &c.

Le même Auteur appelle une riviere obfcure , un *ruiſſeau clandeſtin.* (*Fab.* 7. *l.* 3.)

COMEDIENS. « Ils font des *He-* » *ros* en gambades & en caprioles. (*Héros de Gracien* paraphraſé.)

COMMERCE. « La rapidité d'un » *Commerce échauffé* n'attend pas les revolutions des années. » (*Mem. de Trev. au ſujet d'un Catalogue de Libraire.*)

COMPLIMENT. « La nature ne vous » a rien épargné, Madame, de tout ce » qui peut inviter l'amour propre à » n'être point modeſte. » (*Epit. Dédicat.* de la Double Inconſtance, *Comédie.*)

COMPORTER. « Mes forces ne comportent plus les travaux d'une pénible guerre. » (*Traduct. de l'En. t.* 5. *p.* 225.) « Les Conſuls ne précipiterent point la vengeance de Rome : le tems ne le *comportoit* pas. (*Hiſt. Rom. t.* 2. *p.* 81.)

COMPTER. L'Auteur de l'*Iliade. l.* 4. *p.* 69.

Tranquilles ils comptoient fur la foi violée. Cela ne ſignifie pas, comme le vulgaire le croiroit , qu'ils comptoient que la foi étoit violée, mais, que la foi étoit obfervée, lorfqu'elle étoit violée. Il faut avoir un peu d'efprit pour entrer dans ce Laconifme expreffif.

CONCLUT, pour *conclu.* L'Auteur des *Poëfies diverfes* s'exprime ainfi.

> Même marché tout du long fut conclut,
> A l'heure prez : car le cadet voulut
> Que celui-ci, pour raifons pertinentes,
> Ne vint chez lui qu'à fix heures fonnantes.

CONFONDRE. Un grand Poëte fe fert de ce mot, pour exprimer heureufement une belle penfée. Dans l'*Ode fur la mort de Loüis XIV.* en parlant du Regent, il dit :

> Garant du zéle qui le guide,
> Il veut qu'à fes confeils préfide
> L'amour éclairé du devoir.
> Et fa vigilance feconde
> Veut qu'un jour l'univers *confonde*
> Notre bonheur & fon pouvoir.

CONSEQUENT, génie *conféquent,* homme *confequent.* « S. Paul étoit un « génie *confequent* & lumineux. » Les premiers Chrétiens n'étoient-ils pas raifonnables & *confequents ?* (*Rel. prouv. par les faits.*) Dans la Preface de l'*Iliade moderne* l'Auteur dit: « Les « Poëtes ne font pas toûjours *confe- «quents.* »

C

CONSOLER. L'Auteur de l'*Iliade*
dit, *consoler* des maux. (*Il. l.* 4. *p.*
145.)

> Elle retient pourtant ses pleurs prêts à
>   couler,
> De peur d'aigrir *des maux* qu'elle veut con-
>   *soler*

CONSTRUCTION. Au lieu de dire
construire des vaisseaux, le Traducteur
de l'*En. p.* 348. dit : « Antandros
» étoit un lieu propre à *faire des con-*
» *structions* de vaisseaux.

CONTAGIEUX. L'Auteur de l'*Hi-*
stoire Romaine dans sa Préface dit, que
l'on s'imagine mal-à-propos, que tout
ce qu'écrivent les Poëtes est faux ;
comme si, ajoute-t-il, *les mains* d'un
Poëte étoient *contagieuses.*

CONTEMPTEUR, un esprit *contem-*
pteur, un regard *contempteur.* « L'at- «
tention de la premiere Eglise à dé- «
rober aux yeux *contempteurs* le secret «
de ses Mystères. » (*Rel. prouv. par*
les faits.)

CONTRACTER DES AMIS. « Je «
m'apperçois qu'on a voulu *contracter* «
trop spirituellement les *amis* de ces «
deux Juges. » (*Spect. Franç.* 1723.
f. 8.)

CONTRE, pour dire *vers*. Ramener *contre*, pour dire, ramener *vers*. (*Il. l.* 4. *p.* 62.

> Il la pofe fur l'arc & fçait *contre fon corps*
> En ramener la corde avec de tels efforts

CONTUMACE. L'Auteur des *Poëſies diverſes* appelle de mauvais vers, des vers faits par contumace.

> Tel fait des vers, qui, quoiqu'il faſſe,
> Semblent tous faits par contumace.

CONVAINCANT. L'Auteur des *Odes modernes* dit dans l'Ode intitulée l'*Eloquence* :

> Tes judicieuſes lumieres
> Répandent au gré des matieres
> L'agréable & le *convaincant*.

COQUILLE. Faire fortir un efprit de fa *coquille*. (*Spect. Fr. p.* 144.) C'eſt-à-dire, donner à un homme occafion de faire paroître fon efprit.

CÔTE. Le Traducteur de l'*Enéide*, *tom.* 2. *p.* 89. dit: « La *Côte* parut « à l'inſtant couverte de vaiſſeaux. « *Latet fub claſſibus æquor.* Un Traducteur moins ingénieux eût dit, *la mer*, au lieu de la *côte*, & fe feroit imaginé, qu'une *côte* ne peut être couverte de vaiſſeaux, & qu'on ne navige pas fur une *côte*; mais il y a d'heureuſes hardieſſes.

COUR. On lit dans l'*Iliad. l. 3.* *p.* 44. ces deux beaux vers.

> Elle arrive au rempart où Priam écoutoit
> La venerable *cour des chefs* qu'il confultoit.

La Cour des Chefs. Ainfi l'on peut dire, la *Cour* des Ducs, des Comtes & des Marquis, la *Cour* des Prélats, &c.

COUTEUX, mot du ftile grave & noble. « Il eft inutile, & il feroit *cou-* » *teux* de leur oppofer de groffes ar- » mées. » (*Hift. Rom. t.* 2. *p.* 441.)

COUTUMIER. « Ils font *coûtumiers* » *du fait.* » (*Apologie du P. le Jai*, chez Gregoire Dupuys, *p.* 93.) Je croyois que cette expreffion étoit baffe & du difcours le plus familier; mais je me trompois.

D

DARD. *Un Dard fans atteinte*, c'eft un dard qui n'a point atteint l'ennemi. Un dard qui *s'ouvre une large trace*, c'eft un dard qui pénétre un bouclier. [*Iliade, liv.* 3. *p.* 54.]

> Mon épée eft brifée & mon dard *fans atteinte*.
> Du perfide fans toi la vie étoit éteinte...
> Il difoit : le trait part & jufqu'à la cuiraffe
> Perçant le bouclier *s'ouvre une longue trace*.

DECLARATEUR.

DECLARATEUR. « S. Paul fut choisi «
pour être le *Declarateur des Mysteres* «
d'en haut. » [*Rel. prouv. par les faits.*]

DECORATION. Ce mot est d'usage
dans le figuré, quand il est employé
avec goût, comme dans cette phrase
de la Preface de la nouvelle Hist.
Rom.(Notre indifference pour la *De-*
coration du peuple Romain.) *decorer*
& *decoration* se trouvent cent fois dans
cet Ouvrage. On peut donc s'en servir très-souvent, sans craindre de pas-
ser pour précieux & affecté.

DECOUDRE. « La mauvaise intel-«
ligence des Citoyens avoit *décou-*«
su les affaires de la République. [*Hist.*
Rom. tom. 3.]

DEESSE à cent bouches. Expression
poëtique, qui signifie la *Renommée*
& dont le Paraphraste du *Heros de*
Gracien se sert toujours, pour traduire *fama*, en prose.

DEFRICHER. « Nous nous sommes «
appliquez à *defricher* le champ que «
Tite-Live nous a prêté, » disent joliment les Auteurs de l'*Hist. Rom.* dans
leur Preface. ●

DEHORS. Un bon Auteur appelle
un ornement agréable, *des dehors*

chers. [*Iliade L. 2. p. 37.*]

Et fe prefente au Roi fous des *dehors fi chers.*

Demenager. L'Auteur des Fables nouvelles, pour dire que la fleur de pêché tombe, dit : *L. 4. Fab. 2.*

La fleur de pêché déménage. C'eft ainfi qu'on peut appeller l'Automne, *la faifon du déménagement des feuilles.*

Demerite. Terme qui eft depuis long-temps confacré à la Theologie: On l'a tranfporté à l'ufage ordinaire. Ex. ‚‚ Je fçai difcerner l'innocent du ‚‚ criminel, & égaler la peine au *Deme-* ‚‚ *rite.* ‚‚ [*Hift. Rom. t. 1. p. 241.*] ‚‚ On ne doit pas faire à notre langue ‚‚ un *demerite* d'être fidele à l'ordre. ‚‚ [*Mercure de Mars* 1717.]

Demeure. L'Auteur des Fables nouvelles dit ; *Le Ciel ne veut point de demeure ;* c'eft-à-dire le Ciel ne veut point de lenteur ni de retardement.

Dependence. Etre *à la dépendence,* pour dire être dans la dépendence. (Ils font toûjours comme *à la dépendence* d'autrui.) [*Homme univerfel.*]

Depite'. (Ce fage vieillard quoique *dépité* contre les ⚫eres confcripts étoit venu au Senat). [*Hift. ⚫ m. t. 2. p. 242.*] *Dépité* vaut mieux ⚫u'*ir-*

rité, & convient mieux au ſtile noble
de l'Hiſtoire.

DEPLANTEUR. Notre Fabuliſte
appelle ainſi un homme qui arrache
des arbres. *Fable* 11. *l.* 4.

DEPOSITAIRE. L'Auteur d'Inès dit
que les Rois ſont les *Dépoſitaires de
notre ſang*, pour dire que c'eſt à eux
de conſerver nos vies. O qu'il eſt heureux d'avoir pu imaginer ainſi un *dé-
pôt de ſang !* Dans *Inès* Alphonſe parle de cette ſorte:

Du ſang de nos ſujets ſages *dépoſitaires*. . .

DEPOUILLE. Un grand Auteur, qui
ſait que, lorſque l'ame ſort du corps,
elle ne fait que quitter ſa dépoüille
mortelle, exprime cela très-bien dans
ce vers du 12. L. de l'*Iliade*, p. 201.

On expoſe d'Hector la *dépoüille* célébre.

Cela veut dire qu'on expoſe le corps
d'Hector.

DESARMER. Ce mot ſignifie dé-
poüiller un ennemi vaincu & tué.
[*Iliad. l.* 9. *p.* 53.] C'eſt le vrai ſens
de l'Auteur.

Patrocle ne vit plus: Hector l'a *deſarmé*.

Il n'eſt donc pas vrai que *deſarmer*
ſignifie ſeulement ôter l'épée à ſon
ennemi. Le même Auteur. *Ibid l.* 6.

p. 98. dit, *se desarmer*, pour dire, *se laisser fléchir*, appaiser sa colére.

> Heureux, sage Neſtor, ſi le fils de Thetis
> Touché de nos malheurs *se desarme* à ce prix.

DESCENDANCE. Le Traducteur de Virgile dit, *Eneid. p.* 161. (Les Ceſars *ont pris leur descendance* d'Iüle.) Ainſi pour dire que Louis XV. deſcend de Hugues Capet, c'eſt bien parler que de dire, Louis XV. *prend sa descendance* de Hugues Capet. Le même Ecrivain, *Eneid. p.* 379. traduit ainſi, *Agnovit prolem ambiguam* (Anchiſe reconnut l'erreur de ſa double *descendance.*)

DESCENDRE. L'Auteur de l'*Iliade l.* 3. *p.* 39. dit :

> Sur ſon dos *descendoit* la peau d'un Leopard.

Cela eſt bien plus élegant que de dire, ſon dos étoit couvert de la peau d'un Leopard. Ainſi au lieu de dire il portoit un habit de velours, il ſera mieux de dire, après cet illuſtre Auteur; *un habit de velours lui descendoit sur le dos.* Il faut faire attention qu'un vêtement *de dos* deſcend toujours des épaules. Le même Auteur dit, *ibid. p.* 43.

> Ils deſcendent des chars *renvoyés* à leurs tentes.

Quoique l'on ne renvoye un caroſſe au logis, qu'après qu'on en eſt deſcendu, on peut fort bien dire. *Je deſcendis de mon caroſſe renvoyé chez moi,* au lieu de dire, je deſcendis de mon caroſſe & je le renvoyai chez moi.

Desemplir. (Sa maiſon ne *deſemplit* point.) [*Hiſt. Rom. p. 57.*] (Leur logis ne *deſemplit point de leurs parens*) (*ibid. p. 155.*) Expreſſion élégante.

Desoler. « Ce viſage frappé de déſeſpoir, dont la ſouffrance a dé- « *ſolé les traits,* & cette miſere la plus « ſeconde en impreſſions touchantes « ne le determina qu'à l'outrage. « [*Spect. Franc. tom. 1. p. 58.*]

Detresse. Vieux mot tres-expreſſif, qu'on vient de rajeunir. (Elle avoit le front ouvert & ſerein, malgré ſes détreſſes.) [*Homme univerſel.*]

Deuil. « Toute la Ville parta- « gée entre le *deuil de la perte* qu'elle « avoit faite, & la joie de la victoire, « donna ſucceſſivement des marques « de l'une & de l'autre » [*Hiſt. Rom. tom. 2. p. 35.*]

Dez L'Horace moderne les appelle avec beaucoup d'eſprit & de

goût, *l'oracle roulant du deftin.*
> Plus loin une main frenetique
> Chaffe du cornet fatidique
> *L'Oracle roulant du deftin.*

(Ode de *la fuite de foi-même.*) Dans la même Ode, un jeu de Cartes eft un *Scrutin.*

DIALOGUER, s'entretenir, parler avec d'autres. « Un difcours *dialogué* » avec jufteffe.» [*Rel. prouv. par les faits.*]

DIRE. Au lieu de s'exprimer ainfi : *il courut dire que Monfieur étoit mort,* il eft plus élegant de prendre ce tour laconique : *il courut dire Monfieur mort.* Car l'Auteur de l'*Iliade* Françoife parle ainfi, *l.* 7.
> Il court à ce Heros d'un pas précipité,
> *Dire Patrocle mort* & fon corps difputé.

DISCIPLINABLE. « L'âge me ga-» gnoit ; il n'étoit plus queftion de » jeuneffe ni d'aucun artifice pour pa-» roître jeune : mon vifage là-deffus » n'étoit plus *difciplinable,* & il falloit » me réfoudre à l'abandonner. » [*Spect. Franc.* 1723. *f.* 6.]

DISCIPLINE, voyez **INDISCIPLINE**.

DISCRETION *de l'audace.* « Un » homme dangereux & hardi pour-

roit livrer mon caractere & l'in- «
nocence de mes mœurs *à la difcre-* «
tion de fon audace. » [*Spect. Franc.*
1723 *f.* 8.]

DOL. Terme de Palais, tranfporté
très-heureufement dans la Poëfie.
[*tab.* 3. *l.* 4.]

> Je craindrois toujours que le *Do!*
> Ne m'en dépoffedât fous ombre de juftice,
> Et qu'un jour le Maître du fol
> Ne revendiquât l'Edifice.

DOUCEATRE. C'eft-à-dire, qui a une
douceur fade & defagréable. Il n'a
guere été jufqu'ici en ufage que dans
le difcours familier. Mais on l'employe depuis peu dans des ouvrages
férieux. « Lorfque le vin fort de «
la grappe il a une douceur fade, & «
lorfqu'il n'eft pas entierement fait, il «
a une acreté rude. Mais quand il a «
fuffifamment boüilli, il perd fon «
gout *douceâtre*, & prend enfin une «
douceur favoureufe, qui l'égale au «
nectar. » (*Hom. univerf.*)

DROIT. L'Auteur de la *Relig. prouv.*
par les faits, dit dans fa Lettre Apo-
logetique « Je me fais de vos élo- «
ges un droit fur votre loifir. » Et
l'Auteur du *Spect. Franc. p.* 8. « Je

» fais le Philofophe ici ; mais fi j'a-
» vois affaire à lui, je verrois fi cet
» homme a tort de s'habiller ainfi,
» & fi ces habits fuperbes ne répren-
» droient pas fur mon imagination
» *les droits* que ma morale leur *dif-*
» *pute.* »

E

ECHAUFFER. L'Auteur de l'Iliade
dit : *la vaillance s'échauffe. l. 9 p. 108.*

ECHEC « Vous lui fuppofés une
» audace, une préfomption, qui tient
» *fes lumieres en échec.* » (*Spect. Franc,*
pag. 97.

ECREVISSE. Un Poëte, docte na-
turalifte, nous aprend que lorfqu'un
Ecreviffe fe rompt une jambe, *il s'en
trouve une autre au paffage* , que la
jambe d'une écreviffe eft *un ma-
gafin de jambes,*que les jambes reviennent, *de par la nature.* (*Fab. 14. l.
2.*) il ajoute,

Et lorfque la jambe fe caffe
A l'endroit le moins propre à la production,
Elle fe la va rompre elle-meme à la place,
D'où renaitra bientot fa confolation.

EDUCATION. « Donner de l'*éduca-*
» *tion* a fon efprit » (*Spect. Franc. p.*
112.)

EMBARQUEMENT, pour dire *entre-*

prife. « Le peuple Latin murmuroit «
du nouvel *embarquement* où l'on al- «
loit s'expofer *contre* une Ville alliée «
& invincible. » (*Hift. Rom. to. 2. p.*
127.)

EMBOETURE. Voici l'ufage qu'on
a fait depuis peu de ce mot dans le
ftile noble : «Nous honorerions nos «
écrits en compilant Plutarque, & «
en remettant *dans leur emboëture* na- «
turelle les membres de l'Hiftoire «
Romaine qu'il en a détachez. (*Pref.*
de l'Hift. Rom.)

ENCHASSURE. *Ibid.* L'*enchaffure*
de ces récits augmentera leur prix.

ENCOURAGEANT. Un célébre moderne dit dans l'Ode intitulée l'*Elo-*
quence.

> Les nobles vertus que tu pares,
> Peut-être deviendroient plus rares
> Sans ces tributs *encourageants.*

ENHARDIR. Eft un verbe trivial. Un
fameux Poëte le conjugue autrement
que les autres ; car il dit dans *Inès.*

> N'eft-ce point qu'à ce crime un autre l'*enhar-*
> *diffe.*

S'il eut voulu parler comme le vulgaire, il eût dit l'*enhardit* : mais l'*en-*
hardiffe eft plus beau, plus énergique.

ENRICHISSEMENT. « Ceux qui font indulgens pour les mots inuſités ; favoriſent & procurent l'*enrichiſſement* de la langue. [*Diſcours d'un Académicien.*] Il eſt donc loüable de forger des mots.

ENTENTE. Des termes à toute entente. Ce mot n'a été juſqu'ici en uſage qu'en y joignant *double.* Des mots *à double entente.* Entente n'éſoit point françois & uſité autrement, aujourd'hui l'on multiplie ſon uſage, & l'on peut dire : Ces expreſſions ſont ſuſceptibles de pluſieurs ententes. (Des termes *à toute entente.*) [*Rel. prouv. par les faits.*]

ENTRAINEMENT. « La providence expliquée par les Phariſiens étoit un « *entraînement* invincible. » [*Rel. prouv. par les faits.*]

EPÉE. Qu'un charmant Auteur exprime avec force *une épée remiſe dans le foureau !* Quelle energie dans ces deux vers de l'*Iliad. l.* 1. *p.* 11. Il ne s'agit neanmoins que de la choſe la plus ſimple.

Sa main au même inſtant confirme ſes égards;
Et le fer repouſſé diſparoît aux regards.

EPROUVER. *Eprouver ſa grace,*

pour dire, obtenir le pardon de ſon offenſe. Dans *Ines* :

J'éprouve en même temps mon ſuplice & *ma grace.*

EMAILLE'. « Cet ouvrage eſt é- « maillé de tours fins & de réflexions « délicates. » [*Mem. de Trevoux.*]

EQUIPE'E. Terme du ſtile noble. « Il envoya au Camp des Etruſces « faire des proteſtations au Roi, que « l'*équipée* des Jeunes Romaines n'é- toit que l'effet d'un caprice par- « donnable à leur âge. » Il s'agit ici de l'évaſion de Clelie. [*Hiſt. Rom. t. 2. p.* 68.]

ERECTION. Eriger. Ce mot a tou- jours été employé juſqu'ici dans le figuré : On diſoit l'*érection* d'un Pré- ſidial, d'un Marquiſat, d'un Duché, l'érection d'une charge, &c. Dans le ſens propre on ne ſe ſervoit du mot d'érection qu'en Géométrie. L'*é- rection* d'une ligne perpendiculaire. Mais les nouveaux Auteurs de l'Hiſ- toire Romaine ont mis ce mot à tous les uſages. Ils diſent l'*érection d'un édifice, & ériger une priſon.* [*Hiſt. Rom. t.* 1. *p.* 27. 273.] Dans la Préface on lit cette phraſe. « On s'étoit don- «

né mille fatigues pour préparer les «
matériaux d'un édifice, dont per- «
sonne n'avoit *tenté l'érection*. Cette
expreſſion,*tenter l'érection*, eſt un terme de Matrone ; mais le voilà mis *en
honneur* dans le ſtile grave, noble &
ſerieux. C'eſt peut-être pour ré-
parer les choſes honteuſes qu'on a
dites dans le Diction. de Trevoux,
ſur le mot d'*érection*. Le Traducteur
de Virgile dans ſon Eneïde liv. 5.
pag. 22. dit, *Eriger des tables pour y
manger*.

ÉRUDIT. On ignore l'heureux créa-
teur de ce mot, qui aujourd'hui eſt
aſſez à la mode, pour ſignifier un
homme d'un eſprit médiocre, qui a
peu de talens, mais qui ſçait des faits.
Un célébre Auteur a fait valoir ce
terme, *Fab.* 13. *l.* 3.

> Pour l'*Erudit* il mépriſoit
> Qui ? tout le monde & ſes voiſins ſans doute:
> Mais il falloit jazer: où chercher qui l'écoute?
> Chez ſes voiſins, il le faiſoit.

Si le terme n'a pas été fort honoré par
ces quatre vers, en recompenſe un
autre Auteur l'a employé d'une façon brillante, en appellant le ſçavoir
immenſe, qui eſt répandu dans les
                                écrits

écrits d'Origene , *une profuſion Erudi-*
te [*Rel. prouv. par les faits.*]

ESPECE. De la petite eſpece, pour
dire d'un rang inferieur. (des Auteurs
de *la petite eſpece*) [*Pref. de l'Hiſt.*
Rom. & Mem. de Trevoux 1726.

ESPRIT. » L'eſprit ne compte «
pas ſa naiſſance ſuivant la ſuppu- «
tation naturelle ; il ne croit naître, «
& en effet il ne naît que dans les «
lieux où il s'étend , & s'éclaire. «
[*Rel. prouv. par les faits.*]

ETABLES. Selon le Traducteur de
Virgile. (*Georg. p.* 425.) *Etables &*
Campagnes ſont même choſe ; car il
traduit ainſi ces paroles d'Ariſtée au
4. Livre , *fer ſtabulis inimicum ignem.*
(Le flambeau à la main allés mettre le feu à mes *Campagnes.*)

ETAT. Porter un état (*Tous les*
états que porte la condition des hommes.)
Fab. 11.l. 1.

ETRENER au neutre. Ce terme a
toujours paſſé pour bas & n'a été en
uſage que parmi les Marchands en
détail , qui diſent quelquefois ; je
n'ai pas été *étrené* de la ſemaine. Mais
un fameux Poëte ayant fait à cette
expreſſion l'honneur de l'adopter,

D

c'eſt à preſent un mot élegant; dans la *Fab.* 12. du 4. liv. il dit.

Et Minerve n'étrena pas.

Evertuer. On a fait un bel uſage de ce mot en diſant que la valeur s'é-vertuë des obſtacles croiſſans. (*Il. l.* 9. *p.* 160.

> *Des obſtacles* croiſſans la valeur s'évertuë,
> Tel eſt bleſſé , qui bleſſe , & meurt content
> s'il tuë.

La beauté de ce ſecond vers eſt digne de remarque.

Excellent. L'Auteur de la *Rel. prouvée* , &c. dit , *le plus excellent,* pour dire le meilleur. On croit qu'*excellent* étant un ſuperlatif , n'a point de comparatif : on ſe trompe.

Exposer. « Ses portes étoient » moins diſpoſées pour la ſureté, » qu'*expoſées en marque* de diſtinc-» tion , & par prérogative. Elles » étoient toujours ouvertes , & dans » l'exercice continuel de leur fonc-» tion d'honorer le Heros. » (*Apol. de la trad. de Denys d'Halicarnaſſe, imprimée chez Greg. Dupuis* .)

Extreme, porter une choſe à l'*ex-treme.* « Ne portés pas à l'*extreme* le » tranſport qui vous anime » (*Hiſt.*

Rom. l. 2. p. 28.) » Ses défauts n'é-
» toient que des vertus austeres &
» portées à l'extreme. » (Ibid. page
515.)

F

FAçon. « Un livre parvenu à sa «
derniere *façon*, » c'est-à-dire,
achevé. (*Mêm. de Trev.*)

FAçon de faire. « Un jeune hom- «
me doit-il être le copiste de la *façon* «
de faire de ces auteurs ? » (*Spect.*
Franc.)

FALLACIEUX. Vieux mot qui si-
gnifioit trompeur. On commence à
le remettre en usage. « Un raison- «
nement oblique & *fallacieux*. (*Relig.*
prouv. par les faits.)

FARDEAU. « *Ma figure est un far-* «
deau de graces nobles & imposan- «
tes, qui demande tout le recueil- «
lement de celui qui le porte. » (*Spect.*
Franc. t. 1. p. 40.)

FIGURE. « En étudiant *la fi-* «
gure que prennent nos sentimens, il est «
certain qu'on verra que nous avons «
des Auteurs admirables pour nous. »
(*Spect. Franc. p.* 107.)

FILIATION. « Il y a dans l'ordre

» des fciences une efpece *de filiation*
» affectueufe. » (*Relig. prouv. par les*
faits.)

FISC. « Il fut permis à tout le
» monde de vendre publiquement
» du fel, *& le Fifc n'en fut plus le feul*
» *Marchand. (Hiſt. Rom. t. 2. p.* 52.)

FLUTE. « Un Poëte n'eſt pas une
'Flute », dit fouvent un grand Poëte
de nos jours, qui a raifon de méprifer
la cadence, la douceur & l'harmonie
dans les vers, & qui prétend que le
vers le plus rude eſt toujours beau,
s'il a un beau fens.

FOIN. Pour dire que les fleurs fe
flétriſſent, un Auteur dit élégamment : *les fleurs deviennent foin.* (*Fab.*
9. *l.* 1.)

FORÊT. Le Traducteur de Virgile
Georg. p. 91, appelle les *bois facrés,*
qui étoient autour des Temples (*Lu-*
cos) & qui étoient de petits bois, des
bouquets de bois, il les appelle,
dis-je, des *forêts* facrées.

FOUDRE. Voici de terribles effets
de la foudre admirablement expri-
més dans l'*Hiſt. Rom. t. 2. p.* 425.
» Tandis que Manlius étoit dans fon
» camp, *la foudre partie de la nuée*
» *vint y tomber.* Sa tente en fut *déchi-*

rée *& s'en alla par lambeaux.* Le «
braſier qu'on y avoit allumé, en «
fut *terraſſé*, ſon cheval en fut *frapé* «
à mort. »

FORTUNE. Pour dire, vouloir avoir
ſa revanche, on trouve dans l'Hiſt.
Romaine cette phraſe. « Les Veiens «
ne *pardonnerent pas à la fortune* leur «
premiere défaite. » Comme l'Hiſtoire demande un ſtile ſimple, il faut
conclure que cette expreſſion l'eſt,
auſſi bien que cette autre phraſe de
la même *p.* 128. *t.* 1. « Culbutés «
dans le Tibre, ils trouverent ſous les «
eaux la' mort que le *fer leur avoit* «
épargnée. » Le même Auteur dit page
284. « Tarquin *aidoit la fortune* qu'il «
s'étoit promiſe par l'agrément de «
ſa converſation. „ Tout cela, quoiqu'on diſe, eſt aſſez conforme à la
ſimplicité hiſtorique.

FOYER. Pour dire, retourner dans
ſa partie, notre Fabuliſte moderne
dit, *rentrer dans ſes foyers.* Il faut
avoüer que *rentrer dans ſes foyers* eſt
bien dit. C'eſt à la lettre & dans un
ſens groſſier, *rentrer dans ſa cheminée.*

FRAIS. Ainſi commence la ſeptié-
me Fable du quatriéme livre.

Vulcain tout frais banni du célefte cerdeau.

FREIN. L'Auteur de la traduct. de l'*Eneid. t. 2. p. 25.* dit joliment. (Le fuperbe Courfier que Didon devoit monter *rongeoit fon frein à l'attendre.*

Stat fonipes, ac fræna ferox fpumantia mandit.

FREQUENCE. On a toujours dit en termes de Médecine, la *fréquence* du pouls. On dit depuis peu, une *fré-quence* d'évenemens, une *fréquence* de fujets. » Une routine acquife par » la *fréquence* des mêmes fujets, qui » reviennent dans les entretiens où ils » fe trouvent, leur fournit les termes » propres qu'ils répétent fans en » comprendre la fignification.» *Hom. univerfel.* Deux Académiciens de même goût employent aussi ce mot dans le même fens.

FREQUENTE', pour dire habité. » Un terrain affez peu *fréquenté*, eu » égard à fon amplitude» (*Hift. Rom. tom.* » 1. *p.* 273.)

FRUIT. Un Poëte qui eft toujours fublime & clair, parle ainfi dans l'Ode fur la mort de Louis XIV. il s'agit de la nature.

Lorfque *des fortunes publiques*
Elle veut affurer *les fruits,*

Elle enfante les politiques
Des Etats folides apuis.

La nature affure les *fruits des fortunes publiques.* Que cette expreffion
eft lumineufe & tranfparente !il ajoute dans la même Strophe.

Elle ne fait qu'un affemblage
Du Sçavant, du Heros, du Sage;
Le grand homme eft tout à la fois.

FUNEBRE. Selon l'Auteur de l'Iliade
moderne l'on peut fort bien dire une
funébre oraifon, au lieu d'une *oraifon
funébre.* Car il dit des *funebres jeux,*
pour des *jeux funébres.* C'eft en vain
que l'on prétend que lorfque les adjectifs ne font pas de fimples épithe-
tes, mais des attributs qui expriment
la nature de la chofe, il faut mettre
alors l'adjectif aprés le fubftantif.
Cette régle eft fauffe, puifqu'un
grand Auteur ne l'a point obfervée.
(*Iliad. liv.* 11 *p.*188.)

G

GENERALISER. L'Auteur du *Mémoire,* pour diminuer le nombre
des procés, p. 31. dit que la feule
bonne maniere de diminuer le nombre des Loix, eft de les *generalifer.*

GENEREUX. Il se dit depuis peu, en ce sens, comme on dit *vinum genero-sum.* « L'éloquence de Tertulien » étoit mâle & *genereuse.*»(*Rel. prouv. par les faits.*)

GEOGRAPHIE. Notre nouveau Fabuliste appelle l'étude de la Geographie un *sédentaire voyage. F. 1.l.4.*)

GERME. « L'inépuisable fecondité » de la terre ne cesse de fournir à nos » besoins par la *resurrection annuelle* » *des germes.* » (*Rel. prouv. par les faits.*)

GESTE. « Il abandonnoit son es-» prit à son *geste* naturel. » (*Spect. Franc. p.*108.)

GIGANTESQUE. « Il vient d'essuier » d'un grand Seigneur cette dis-» traction hautaine que donne à la » plûpart de ses pareils les *sentimens* » *gigantesques,* qu'ils ont d'eux-mê-» mes » (*Spect. Franc. p.* 10.)

GLAND. Le Traducteur de Virgile *Georg. p.* 149. en traduisant le vers *Glandemque sues fregere sub ulmis ,* dit que les pourceaux *paissent* quelque-fois *le gland* sous les ormes. Ainsi l'on peut bien dire, qu'ils paissent aussi des pommes sous les pommiers, & des poires sous des poiriers , & qu'ils paissent encore autre chose , que je n'ose dire.

GRAIN. Le même Traducteur de Virgile *Georg. p.* 65. traduit ainsi ce vers. *Frumenta iu viridi stipula lactentia turgent.* « Le grain à demi formé « dans l'épic est encore *tendre com-* « *me du lait.* » Du grain tendre *comme du lait* ! J'aime du lait tendre.

GRATIABLE. « Nous autres gens « du commun nous n'avons que des « haillons qui ne sont pas *gratiables.* » (*Spect. Franc. p.* 723. 10. *f.*)

GRATIEUSE'. Mot qu'on dit souvent & qu'on écrit rarement. « J'eus le « malheur de la *Gratieuser,* sans réflé- « xion, parce que vous veniés de me « serrer la main, & que j'en avois de « la joie qui *attendrissoit mes réflexions.* « & qui m'auroit fait *gratieuser* ma « bisayeule. » (*Spect. Franc.* 1723. 3. *feuille.*)

Le mot de *gratieuser* se trouve cent fois dans la nouvelle Histoire Romaine : on peut donc aujourd'hui l'écrire dans le stile le plus sérieux & le plus noble, comme un mot élégant & *gratieux.*

GRILLER. Les Auteurs de la nouvelle Hiſtoire Romaine expriment
fort noblement l'action courageuſe
de Mutius Scevola. « Alors d'un re-
» gard aſſuré, ſans marquer ſa dou-
» leur par aucun ſigne, il *donne* ſon
» bras *en proye* à la flâme, & le laiſſe
» longtemps *griller.* » t. 2. p. 62.

GRINGOTER des vers. L'Auteur
des *Poëſies diverſes*, dit,

Vous ordonnez que je *gringote*
Quelques vers ſur la Ravigote.
Je ne ſçai bonnement comment parer la bote.
On tirera ſur ma calote.

GROUPE. » Le P. C. a un ſoin in-
» genieux de faire des groupes de
» choſes ſous des claſſes differen-
» tes.» [*Mem. de Trev. May* 1726.]

GUIDE, eſt une expreſſion très-
juſte & très-belle pour exprimer un
General d'armée. Une armée com-
mandée par un *guide.* C'eſt en effet
le General qui *guide* ſes ſoldats.L'Auteur de l'Iliade moderne parlant
d'Agamemnon, dit donc fort bien.
[*Iliad. l. 2. p.* 2.]

Qu'il arme les guerriers qui l'ont choiſi pour
guide.

GUINDER. Eſt un mot commun,

mais il faut bien de l'efprit pour employer ce mot comme a fait notre
Fabulifte moderne. *Fab.* 2. *l.* 5.

Il n'étoit pas comme les Rois de l'Inde
Qu'on ne voit point, qui craignent le grand
jour ,
Et dont la Majefté *fur la terreur fe guinde.*

H

HALEINE courte. « Quand on de- «
mande des graces aux Puif- «
fans de ce monde , & qu'on a le «
cœur bien placé , on a toujours «
l'*haleine courte.* » Spect. Franc. *p.* 9.

HALER. Un Ouvrage *fe hale* au
grand jour, dit l'Auteur des *Poëfies
diverfes.*

HAUT. Selon l'Auteur des nouvelles Fables il faut prononcer *aut* pour
haut, & *auteur* pour *hauteur.* Car il
dit dans fes Fables

Il fronce le fourcil , *crie haut,* fait l'empreffé.

HAUTS faits. « Il n'en eft pas ainfi «
de ceux *à qui les hauts faits font* «
commis » (*Heros.* p. 268.)

HAYE. Un fameux Poëte de nos
jours appelle une *haye* qui entoure
un jardin, *Le fuiffe d'un jardin.* Fab.
7. l. 1.

HERBE. Lorſqu'une ville eſt raſée, on dit que l'herbe croît, ou auparavant s'élevoient des Tours, &c. Un Poëte fameux exprime cela en peu de mots, & fort ſenſément, *Il. l.* 2. p. 34.

Bientôt l'herbe de Troye *auroit couvert* les Tours.

HEROÏCITE'. (*L'heroïcité* du mérite ſe déclare.) [*Trad. du Heros de Gracien*, p. 269.]

HISTOIRE. C'eſt la Reine des Nations, dit l'Auteur de l'Hiſtoire Romaine. « Nous n'avons pas prétendu » faire marcher *la Reine des Nations* » avec un cortege ſi nombreux, pour » lui donner plus de luſtre.» Si l'on en croit les Mémorialiſtes de Trevoux. (L'Hiſtoire demande des *figures lumineuſes*) Novemb. 1725. C'eſt donc bien fauſſement qu'on dit qu'il faut qu'elle ſoit écrite avec ſimplicité.

HONNEUR. On dit, élever en honneur, pour dire faire briller, faire eſtimer. « C'eſt à elle qu'il appar- » tient de les bien mettre en jour, & » de les *élever en honneur* dans l'en- » tretien. » (*Hom. univ. de Gracien.*)

HONNEUR

HONNEUR. « J'avóis un *honneur* «
bäillant, qui auroit eu befoin d'un «
Tuteur pour être fage. » *Spect. Franc.*
7,23. 11. *f.*

HONORAIRE. « Une femme fe «
fait quelquefois à elle-même *des re-* «
proches honoraires , & fa foibleffe «
s'en augmente. » (*Spect. Franc.* 146.)

HOROSCOPE. L'Auteur des *Poë-*
fies diverfes dit qu'il a fait l'*Horofco-*
pe de la gloire. [*Ep. à M. Etienne.*]

Mais tel fouvent après elle galope ,
Dont le Pegafe à chaque moment c hope,
Et qu'elle fuit, comme on fuit un larron ,
Je la connois , *J'ai fait fon horofcope.*

HORS d'intérêt. On a employé
très heureufement & très-clairemene
cette expreffion. *Iliad. l.* 1. *p.* 8.

Et de quel droit viens-tu par tes libres avis,
Hors d'intérêt pour toi, difpofer de mon prix ?

HÔTE d'antichambre, c'eft-à-dire,
qui eft ordinairement dans l'antichambre, comme font les Pages chez
les Seigneurs , & les Laquais dans la
plûpart des maifons. On pourra dire
par conféquent d'un homme qui eft
fouvent à l'Eglife, au Palais, au Cabaret, au Caffé, que c'eft un Hôte
d'Eglife , de Palais, de Cabaret, ou

de Café. « Dieu nous délivre
» du besoin de tous ces gens-là,
» nagueres bas Officiers de quel-
» que Grand, & fideles *Hôtes d'anti-*
» *chambre.* » (*Hom. univer.*) Notre
Fabuliste appelle un Prince qui est
flatté, un *Hôte* de la flatterie. *Fab.*
1. *l.* 2. & une roche, il l'appelle l'*Hô-*
tesse des moineaux. *Fab.* 21. l. 14.

HUITRE. Pour un homme qui n'a
jamais vû d'huitres, c'est dit ingenieusement notre Fabuliste moderne
(un mets odieux, effrayant le goût
par les yeux.) *Fab.* 15. *l.* 2.

HYMENE'E. L'Auteur d'*Inès* dit, *je*
cherche votre hymenée, pour dire je
veux vous épouser.

J

JALOUX. » Les *jaloux* du credit &
» & des grandes richesses de
» Clausus, tournerent à mal les in-
» telligences *qu'il avoit prises avec*
» *Rome.* » [*Hist. Rom. t.* 2. *p.* 62.]
On croyoit autrefois que *jaloux* au
substantif n'avoit point de re ime ;
mais par cet exemple on voit qu'on
peut dire les *jaloux de* la grandeur,
de la réputation, &c.

IDE'E. (Des *idées teintes* de la fa-
geffe humaine) [*Rel. prouv. par les·
faits.*]

IL DIT. Cette expreffion confa-
crée à la Poëfie pour fignifier, *il parla ainfi* , eft très-belle , même en
profe, car l'Auteur de l'*Hift. Rom.*
s'en fert fort fouvent.

Il y a plus , il fit plus. Ces façons
de parler ont un grand mérite. Il y
a peu de pages de la nouvelle *Hift.*
Rom. où elles ne foient.Il faut avoïer
que c'eft une tranfition délicate &
heureufe.

IMPLORER. On fçait l'ufage ordinaire de ce verbe. *Implorer* la cle-
mence des Dieux , *implorer* le fe-
cours de quelqu'un , &c. L'Auteur
d'Inès dit , *implorer un fecret.*

. . . . . Et je me flatte encore
De meriter de vous ce *fecret* que *j'implore.*

IMPOSER. L'Auteur de l'*Iliad. l.*
12. *p.* 192. dit que le Caducée de
Mercure *impofe le repos aux yeux*
mortels.

Il arme auffi fon bras du divin Caducée ,
Dont la double puiffance a fon choix exer-
    cée

Telle qu'un bruit perçant, ou que les froids pavots

Impose aux yeux mortels, ou ravit le repos.

IMPROBABLE, qui n'est pas vraisemblable. Le Dictionnaire de Trevoux adopte le terme, sans citer aucune autorité. En voici une très-nouvelle. « Je rapporte ce sentiment » tout *improbable* qu'il me paroît par » lui-même. » *Traduct. de Denys d'Halicarnasse*, lib. 8. imprimée chez Greg. Dupuys.

IMPRODUCTIBLE. Ce qui ne peut être produit. (Un miracle est une œuvre *improductible* à tout être borné.) *Rel. prouv. par les faits.*

INATTAQUABLE (*passim* dans les Mem. de Tr.)

INCENDIAIRE, qui signifie ordinairement un malfaiteur qui brûle des maisons, des granges, &c. mais selon les Auteurs de la nouvelle Histoire Romaine, *incendiaire* se peut dire des armées qui brûlent les Villes. » Les » Gaulois qui brûlerent Rome, ne » furent pas des *incendiaires* tout-à-» fait impitoyables. » *Pref. p.* 14. Les mêmes Auteurs appellent les Brouïllons, des *incendiaires.* » Nos maux

& vos rebellions ne font pas l'ou- «
vrage de vo scœurs, ils fe forment, «
ils naiffent dans le fein de vos «
Tribuns. Ces *incendiaires* vous ren- «
dent coupables de tous nos embra- «
femens domeftiques » [*t. 2. p.* 473.]

INCERTAIN. (On marche à l'*incertain.*) [*Pref. de l'Hift. Rom.*]«Il «
eft croyable que Laufus reçut la «
mort d'*une main incertaine* [*t.* 1. «
p. 31.] Un trait lancé par une «
main *incertaine* lui perça le genou. «
[*ibid.* 42. *p.* 433.] » Servius *laif-* «
fa incertain s'il fût plus grand dans «
la guerre que dans la paix » [*ibid.*
p. 427.] C'eft ainfi que les grands
Auteurs font paffer dans la Langue
Françoife les beautés de l'Idiome
Latin.

INCLEMENCE. « C'eft lui qui a «
irrité les dieux & caufé leur *incle-* «
mence. » [*Relig. prouv.*]

INDEMONSTRABLES, ce qui ne fe
peut démontrer. (Des propofitions
indémonftrables.) [*Relig. prouv. par*
les faits.]

INDISCIPLINE'. Un efprit *indifci-
pliné.* [*Mem. de T1.*] Un ftile *indif-
cipliné.* [*Difc. fam. du*] Si cet Au-

teur étoit *discipliné*, il seroit plus esti-
mable. (*Ibid.*)

INEXECUTABLE, ce qu'on ne peut
executer. « Celui qui nous a tous
» créés peut faire quand il lui plaît
» ce qui est *inexécutable* à tout autre
» qu'à lui. » [*Rel. prouv. par les faits.*]

INGENIER. L'Auteur des *Poësies diverses* appelle s'*ingenier*, acquerir de
l'esprit, trouver des expediens, devenir ingenieux.

En cas pareil force est qu'on s'*ingenie*, p. 340.

INGENIEUX. On trouve un *esprit
ingenieux* dans la Pref. de l'*Iliad.*
p. CXXV. « Homere avoit l'*esprit* vaste
» & fecond, plus élevé que délicat,
» plus naturel qu'*ingenieux.* »

INSIDIEUX. (Des talens *insidieux.*)
[*Rel. prouv. par les faits.*]

INSIPIDITÉ (Ce qu'ils appellent
insipidité, je l'appelle tranquillité.)
[*Traité du bonheur*, par l'Auteur des
Lettres du Chev. d'Her.]

INSOLITÉ. Un Avocat est charmé que ce terme du Barreau soit
devenu du bel usage. « On prouva
» qu'il avoit reçu de l'argent pour
» porter une loi *insolite.* » [*Hist.
Rem.* 42. *p.* 396.] D'ailleurs loi in-

folite eſt une expreſſion, qui, quoique *infolite*, eſt belle.

INSTANCE. Pour dire, faire de nouvelles *inſtances*, il eſt très-françois de dire avec l'Auteur de l'*Iliad. l. I.*

Thetis à ſes genoux *redouble ſon inſtance.*

INTELLIGENCE. « L'*intelligence* me « vint que j'étois abuſé, pour dire ; je « compris que, &c. [*Diſc. fam. du C.*] »

INTERIEUR. (Vous m'avés con- duit dans l'interieur du travail du Traducteur.) [L'Auteur de l'*Apol. de la Trad. de Denys d'Halicarnaſſe p. 3.*] il appelle plus bas cet interieur. « Des *travaux ſouterrains*, qui ſont « toucher au doigt la Religion du « Traducteur, & ſa ſcrupuleuſe exac- « titude à n'être, que *le porteur* de la « penſée de ſon Auteur. »

INTRADUISIBLE. (Gratien paſſe pour *intraduiſible.*) [*Mem. de Trev.*] Son nouveau Traducteur a été de- puis peu aſſés bien traduit. Ainſi, ſi l'Auteur eſt *intraduiſible*, il n'en eſt pas de même du Traducteur.

JOUR. Il eſt beau de dire toujours le *jour* pour la vie. Au lieu de dire je *crains pour votre vie*, on peut dire

fort bien , *je ravis pour votre jour , je
méprise le jour* , pour dire , *je méprise
la vie.* On lit dans l'*Iliad. l. 2. p. 36.*
Fait naître à fon afpect, *le fier mépris du jour.*

IRRESPECTUEUX , qui eft fans refpect. (Il avoit des manieres *irrefpec-
tueufes.*) [*Relig. prouv. par les faits.*]

JURER. *Jurer un exemple inviolable.* Le fens de cette expreffion eft
fi beau, qu'il eft impoffible de le rendre en d'autres termes dans *Inès.*

C'eft votre même ayeul dont je vante la foi,
Qui pour l'honneur du thrône en a dicté la
loi ,
Et jufque , fur fon fang s'il le trouvoit cou-
pable ,
Me força d'en *jurer l'exemple inviolable.*

JURIDIQUE. Une *armée juridique* ,
c'eft une armée levée fuivant les
loix. ꞌꞌ Les Confuls n'avoient garde
ꞌꞌ d'affembler une armée *juridique.* ꞌꞌ
[*Hift. Rom. t. 2. p. 398.*]

L

LAMBEAU. On fçait ce que ce mot
dans le propre fignifie. Dans
le figuré on le prend ordinairement
en mauvaife part. Ce Prédicateur

débite des lambeaux de Flechier &
de Bourdalouë. Mais on ne d tpas
communément voici un *lambeau* de
S. Auguſtin , voici un *lambeau* de
Ciceron ; ou bien alors ce ſera un
morceau mal aſſorti , mal couſu.
Mais il ſera deſormais du bel uſage
de dire un *lambeau* éloquent , un
précieux *lambeau*. Car voici ce qu'on
lit dans la *Pref. de l'Hiſt. Rom. p.* 11.
« On a mieux aimé traduire ces «
Auteurs , que de diviſer leurs dé- «
poüilles , & d'en partager les *pré-* «
cieux lambeaux pour les ajuſter en- «
ſemble avec art. »

LEGERE. *De legere* , pour dire le-
gerement. Les Italiens diſent *di leg-*
giero , nous commençons à le dire
auſſi. « Que ceux qui ſe laiſſent «
ébloüir par les difficultés de l'in- «
credule, apprennent par cet exem- «
ple à n'y pas déférer *de legere*. »
[*Relig. prouv. par les faits.*]

LEGION. Corps de troupes chez
les Romains. L'Auteur de *l'Iliade*
croit que les Troyens avoient auſſi
des *Legions*. Les Sçavans doivent
faire attention à cette découverte.
Agamemnom dit au 2. *l.* de l'*Iliade*.

Jupiter nous condamne à la honte éternelle
De n'avoir pû vanger une juste querelle
D'avoir tremblé devant de foibles *Legions* ,
Et dix fois plus *nombreux* que ceux que nous
     fuyons.

La construction des deux derniers vers est d'une hardiesse inimitable , *d'avoir tremblé plus nombreux.*

LƐZE-MAJESTE'. Notre Fabuliste moderne dit ingenieusement que le mensonge à la Cour doit être regardé comme *un Criminel de Leze-Majesté.* [*Fab.* 1. *l.* 2.]

LIER. Le Traducteur de Virgile dans ses Notes sur les *Georgiques* , dit que « *Lyæus* est dérivé de λύειν, » qui veut dire *lier* , parce que le » vin *lie* les membres. » C'est donc une faute grossiere des Dictionnaires Grecs de dire λύειν *solvere* délier. *Que le Lecteur me pardonne cette remarque postiche , qui n'appartient point , je l'avoue , au Dictionnaire Neologique.*

LITIERE, faire litiere de quelque chose , a passé autrefois pour une expression basse ; mais l'Auteur célébre des nouvelles Fables l'a annoblie. Car il dit , *faire litiere de pavots. Fab.* 16. *l.* 1. & *Fab.* 9. *l.* 3.

Ils font *litiere* enfin d'ennemis massacrés.

LoÜANGE. « La Renommée se
fait entendre, & *le cri de la loüan-*
ge devient general. » (*Traduct. du*
Heros de Gratien, p. 269.)

LUI, pour le. Exemple(Quel Dieu
lui a fait donner ici dans le piege ?)
puisque le Traducteur de Virgile qui
sçait le François parle ainsi. [*Eneid.*
t. 6. *p.* 17.] il ne faut pas dire, *l'a*
fait donner, mais *lui a fait donner.*

LUMIERE. « *Le retour de la lu-*
miere apprit aux Romains la fuite
de leurs ennemis. » *Hist. Rom. p.* 377.
Que ce tour est simple & heureux !
(*Le retour de la lumiere* détrompa
Rome.) *Ibid. p.* 421.

LUSTRE. « Le je ne sçai quoi, est
le lustre du brillant & la perfection
de la perfection même. » [*Trad. du*
Heros ch. 13.] On a fort bien re-
qué que l'Auteur pourroit aussi bien
dire : le je ne sçai quoi est *le brillant*
du lustre; & c'est en quoi l'expression
du bon Pere est ingenieuse, étant
conforme à la regle des Conversions
de la Logique.

MAGIE. Le Fabuliste moderne appelle Pluton *le vassal immortel de la magie.* Fab. 17. l. 1.

MAINTENANT. Cet adverbe joint à un prétérit fait un très-bon effet. Exemp. « Je sçai qu'autrefois à Tyr, » & que *maintenant* à Carthage *vous* » *avés méprisé* les recherches de bien » des Rois. « [*Eneid. t. 2. p. 9.*]

MANIABLE. L'Auteur de la *Rel. pr. par les faits*, dit l'existence *maniable* d'une chose, pour exprimer, qu'une chose existe évidemment.

MATIERE. Le Fabuliste du siécle dit au Roi dans sa Fable du *lys* & du *rejetton.*

> Offrés mille sujets aux enfans de Phœbus,
>   Croissés de vertus en vertus ,
>   *Nous attendons notre matiere.*

Nous attendons *notre matiere*, que cela est élegant !

MEGERÉ. Terme familier pour exprimer une méchante femme. C'est une *megere*, dit-on, il ne faut point avoir affaire à cette *megere*. Un Historien moderne nous fait voir que ce terme est neanmoins du stile le plus noble : car en parlant de Tullie

fille de Servius Tullius, il dit, *Hist,
Rom. t. 1. p. 500.* « abominable «
megere, qui fut digne d'un traite- «
ment plus rigoureux. »

MÉMOIRE. *Ma memoire s'ouvre,* dit
l'Auteur de l'*Iliad. l. 3. p. 49.* pour
dire, je me rappelle le souvenir.

Plus *s'ouvre ma memoire,* où mille noms reviennent. . . . .

MENACE. Si l'on veut exprimer
fortement une *menace ,* qui aura
son effet, il faut dire comme l'Auteur de l'*Iliad. l. 1. p. 10.*

Va, pars, & pour tout fruit d'une impuis-
sante audace,

Remporte de ton chef l'*infaillible menace.*

MÉRITE. *Petit merite,* c'est-à-dire,
peu de merite. « Il éprouva les in-
conveniens où tombe un Etat, «
lorsqu'il est gouverné par des gens «
d'un *petit merite.* » [*Hist. Rom. t. 2.
p.* 372.]

MIPARTI. Mot d'un bel usage. Ex.
(Les Senateurs étoient *mipartis.*)
[*Hist. R. t. 1. p. 140.*]

MITIGER. « Les Physionomies
par le commerce que les hommes «
ont ensemble, contractent je ne sçai «
quoi de liant qui les mitige. » [*Spect.
Franc. t. 1. p. 112.*]

MOISSONNER. Mot poëtique qui eſt devenu profaïque , pour dire , tuer. Exemp. « La Ville priſe & ſac- » cagée par les Romains, vit ſes ha- » bitans en partie *moiſſonnés* par le » fer. » [*Hiſt. Rom.*] Notre Fabu- liſte dit , *moiſſonner des fruits* , pour dire cueillir. *Fab.* 1. *l.* 3. « La mort » dans les combats ne *moiſſonne* gue- » res que des lâches & des fugitifs. » [*Hiſt. Rom. t.* 1. *p.* 429.] Expreſ- ſion propre du ſtile hiſtorique. ·

MONTRE. On dit quelquefois fai- re *montre*, pour dire faire ſemblant. Les Marchands font *montre* de leurs marchandiſes ; ils amuſent les ache- teurs par des *montres* inutiles. On ſe ſert depuis peu de ce terme pour ſignifier l'apparence , & ce qui pa- roît. « C'eſt une queſtion agitée , ſi » la realité nous importe plus que » la *montre*. » [*Hom. univ.*]

MORDRE. Mordre la poudre, belle expreſſion , même en proſe. Exemp. (Il lui fit *mordre la poudre.*) [*Hiſt. Rom. t.* 1. *p.* 90.]

MYSTERE. « Nous n'avons en à » faire ici qu'à tâcher de nous ren- » dre avantageux le dévelopement

futur des *myfteres de notre exiftence.* «
[*Spett. Franc.* 1723. *f. 9.*]

N

N'A GUERES adv. veut dire il n'y a pas longtemps, il eft fouvent employé par Vaugelas dans la Traduction de Quinte-Curce. Il s'eft depuis éteint entierement , & eft devenu furanné. Mais on commence depuis peu à rappeller un mot banni fi injuftement. « Dieu nous dé- « livre du befoin de tous ces gens-là , « *n'a gueres* bas Officiers de quelque « grand , & fideles *hôtes d'anticham-* « *bres.* » [*Hom. univ.*]

NAÏF. Le *naïf* eft difficile à attraper. Notre Fabulifte le dit ainfi. *Fab.* 12. *l.* 2.

Du creux de la cervelle *un trait naïf s'arrache.*

NATURALISME. Selon le même: « Le Sphinx, les Sirenes , le Phenix » forment *un naturalifme menteur.* » *Fab.*

NATURE. Selon le même. Eftre naturel , c'eft *fuivre la nature* à la pifte. *Fab.* 12. *l.* 2.

NEANT. Chacun fe flatte, dit-on.

Notre Fabuliste moderne dit ingenieufement la même chofe en ces
termes; (*Chacun fourit à fon neant.*)
Fab. 13. *l.* 2.

Nef. (La vague vient fe brifer
contre la *nef.*) [*Traduct. de l'Eneïd.*
p. 23.] *Nef* eft un vieux mot rajeu-
ni, meme pour la profe , comme
on voit ici.

Negation. Les *negations* fe fu-
priment quelquefois très - élegamment & très-judicieufement comme
dans ces vers d'*Inès* , ou *qu'elle perde*
eft mis pour *qu'elle ne perde.*

 Et qu'elle perde enfin l'efpoir de m'en punir
 Que par la feule mort, qui peut nous défunir.

Negligement. Pour dire né-
gligence. (de vifibles *negligemens* de
pinceau.) [*Relig. prouv. par les faits*]

Noise. « *Joüir d'une mine* qu'on
» a jugé la plus avantageufe, qu'on
» ne voudroit pas changer pour une
» autre, & voir devant fes yeux un
» maudit vifage qui vient *chercher*
» *noife à la bonne opinion* que vous
» avez du votre, qui voudroit *ac-*
» *cufer d'abus* le plaifir qu'on a de
» croire fa phyfionomie fans repro-
» che *& fans pair !* » [*Spect. Franc.*
p. 37.]

NUIT. (La nuit s'étoit *emparée* du monde.) *Traduct. de l'Eneïd. t. 2. p.* 247. Le matin , on peut dire aussi avec elegance *que le jour s'empare du monde.* Les Grammairiens prétendent qu'il falloit dire , la nuit s'étoit *emparé* , & non pas *emparée* , parce que *emparer* n'a pas ici de force active par raport à la *nuit* ; mais les grands Auteurs sont 'audessus de ces petites regles.

O

OCEAN. Un célébre Auteur par une licence poëtique appelle la mer Egée , l'*Ocean.* [*Iliad. l.* 1 0. *p.* 1 6 5.]

Lycaon en ces lieux ! quel Dieu me le renvoye ?
Enchainé dans *Lemnos* il se retrouve à Troye!
Hé bien nous allons voir , si ce fils de Priam
Trompera l'Acheron , ainsi que l'*Ocean.*

Tromper l'Ocean , signifie ici s'échapper d'une Isle de la mer *Egée.* Car Lemnos est dans la mer Egée, & non dans l'Ocean. Cela s'appelle être plus qu'*érudit.*

OFFRANDE. *Assister à l'offrande* ,

eſt d'un très-beau ſtile. Car on lit dans l'*Iliad. l. 2. p. 3 5.*

> Prêt à ſacrifier Agamemnon commande
> Que ſix chefs qu'il choiſit , *aſſiſtent à l'of-*
> *frande.*

OFFUSQUER. L'Auteur de la Traduction des *Georg. p. 3 5.* dit que les mauvaiſes herbes *offuſquent le grain.* C'eſt bien dit , & Virgile qui prétend que ces herbes *étouffent le grain,* parle avec moins de juſteſſe.

ORACLE. L'*Oracle roulant du Deſtin.* Voïez le mot *Déz.*

ORAGE. Notre Fabuliſte pour exprimer un commencement d'*orage ,* dit, *la face de la mer ſe ride & ſe noircit.* Fab. 6. l. 2. Belle métaphore , charmante image : Il dit *ibid. l. 7. p. 1 1 5.*

> La mer blanchit d'écume , & l'horrible tempête
> Des pâles Matelots *environne la tête.*

Outrément. (Des réſolutions *ou-trément* ſeveres.) *Hiſt. Rom. t. 2. p. 1 0.*

P

PARASITE. ſubſt. & adject. Le Traducteur de Gracien dit *des fa-*

daifes parafites. [*Hom. univerfel.*] En termes de Botanique on appelle, *plantes parafites* , les plantes qui croiffent fur d'autres plantes , & fe nourriffent de leur fuc. (*Je dirai en paffant que le Dictionnaire de Trevoux a oublié cette remarque , au mot* PARASITE) peut-être c'eft dans ce fens que le Traducteur de Gracien a dit *des fadaifes parafites.*

PARME. C'eft un petit bouclier , felon l'Apologifte de la Trad. de Denis d'Halicarnaffe, & ce mot felon lui eft très-François pour exprimer *parma.* C'eft ainfi qu'il excufe les *palmes* échapées au Traducteur.

PARQUE. L'Auteur de l'*Homme univerfel* fait dire à Gracien qu'un Heros fur la fin de fes jours *devient fouvent la parque de fon immortalité.*

PARTAGE'. « Je ferois *partagé* « d'un efprit bien *infortuné*, fi je n'ef- « timois pas les Ouvrages de M. de « la Motte. « [*Spect. Franc.* 1723. 3. f.] Un Auteur en effet qui a tant d'elégance & de délicateffe dans l'expreffion, qui parle fi bien François, & qui écrit d'un auffi bon goût; peut-il avoir l'*infortune* de ne pas

eftimer un Poëte *partagé* d'un goût
excellent.

PARTAGER. On dit communé-
ment, partager la joye, partager la
triftefle de quelqu'un. Mais l'Auteur
d'*Inès* dit, *partager des fêtes.*

> Et toute la Caftille au bruit de vos conquêtes
> Triomphante elle même a *partage vos fêtes.*

PATRICE. *Patrice* eft mieux dit que
Patricien. On a donc diftingué jufqu'ici mal-à-propos les *Patriciens* &
les *Patrices.* Les *Patriciens*, dit-on,
étoient les defcendans des premiers
Sénateurs de Rome, & les *Patrices*
étoient les Gouverneurs que les
Empereurs de Conftantinople en-
voyoient dans les Provinces de l'Empire; de forte que le terme de *Patrice* eft du bas Empire. Mais le Traducteur de Virgile, dans fes Notes
fur l'Eneïde, paroît penfer le contraire, puifqu'il appelle *Patrices* les
Patriciens. Virgile, dit-il, fait fa
cour aux plus anciens *Patrices* : &
dans fon *Hift. Romaine.* (Pour lui
d'abord déclaré *Patrice*, il eut pia-
ce au Sénat.) *t. 2. p.* 94. Que les
Sçavans réforment leur jugement
fur leur frivole diftinction de *Patriciens* & de *Patrices.*

PATRIE. Un Poëte appelle un champ de bataille, *la patrie des sol-dats.* [*Iliad. l. 2. p. 36.*]

> Enflamme tous les Grecs d'une noble furie,
> Et du champ de bataille elle fait leur patrie.

PATRIMOINE. Notre Fabuliste dit que la vertu a fait à M**. *un patri-moine de son emploi,* parce qu'il a le même emploi que feu M. son pere. [*Fab. 1. l. 3.*]

PAUPIERES. Selon l'Auteur des *Poësies diverses,* c'est avec les *pau-pieres* que l'on voit.

> L'âge à plusieurs affoiblissant les yeux,
> Leur a rendu les paupieres moins nettes.

PEINE' adj. On a toûjours dit *une écriture peinée,* un stile *peiné,* on peut dire aujourd'hui un homme *peiné.* « On est d'autant plus *peiné* de ces omissions, dans un grand Auteur, qu'il est plus capable de fortifier & d'embellir tout ce qu'il traite. » [*Relig. prouv. par les faits.*]

PEINE. Le Traducteur de Virgile (Georg.) dit que quelques chévres *ont peine* de franchir le seüil de la porte, *p. 317. Avoir peine de faire quelque chose,* pour dire, *avoir de la peine à faire, &c.* voilà un françois un peu nouveau , mais élegant. En effet *avoir peine de marcher* , n'eft-il pas mieux dit , qu'*avoir de la peine à marcher* ?

PERCEPTIBLE. (Une chofe *perceptible.*) [*Relig. prouv. par les faits.*]

PERCEVOIR. « Rome ne *perçut* » pas longtemps les fruits qu'elle » avoit efperé du gouvernement » d'un fi fage vieillard. » [*Hiſt. Rom. t.* 2. *p.* 40.] Il ne voulut pas *percevoir les émolumens* de fon crime, *ibid. p.* 92. (Seuls ils *perçurent les émolumens* de nos victoires.) *p.* 195. *ibid.*

PERFECTIONNEMENT. « Ils ont » commis une grande faute contre » la plûpart *des perfectionnemens* dé- » firables. » [*Mem. pour dimin. le n. des procès.*] « On auroit apporté un » grand nombre de *perfectionnemens* » très-importans aux loix. » *p.* 56.

PERMETTRE. On dit *fe permettre*, pour dire fe livrer , s'abandonner. (Le génie ne doit point *fe permettre au paradoxe.*) [*Trad. de l'Homme univerfel.*] Cet Auteur fe *permet* aux injures perfonnelles , aux équivoques groffieres , aux pointes

impertinentes , aux fades alufions.
On peut s'exprimer ainfi,& fort bien.

PERSONNE. Le nouveau Traducteur des *Elegies d'Ovide pendant fon
exil* , dit , dans une Note, qu'Ovide
a tort d'apoftropher trop fouvent fes
vers , & de leur parler , comme *à
d'honnêtes perfonnes qui feroient boî-
teufes.*

PHARE. L'Auteur de l'*Hiff. Rom.*
dans fa Préface, parlant des marbres
Capitolins , dit ; « Ce *phare* qui luit
encore aujourd'hui au haut du Ca- «
pitole , nous fert à guider nos pas «
au travers des fiécles de la Repu- «
blique. » Métaphore brillante où il
n'y a point d'enflùre.

PHENOMENE potager. C'eft une
groffe rave , felon l'Auteur des Fables nouvelles. Le Journal de Trev.
dit, à l'occafion de l'Auteur du Poëme de la Grace à peu près ces mots:
« Il a *paru* & *difparu* à Paris un «
Phénomene litteraire , qui depuis a «
paru à Marfeille , pour *reparoitre* «
à Salins. »

PICOTERIE. Mot employé dans le
ftile grave & noble.«Tout le tem)s «
fe paffa en des *picoteries* recipro- «

ques. » [*Hiſt. Rom. p.* 368. *t.* 2.]

Pɪᴇ'. *Couper pié* à un traité. Ex. (Pour couper pié à un traité injurieux.) [*Hiſt. Rom. p.* 30.]

Pɪᴇᴛᴇ' fraternelle, ſignifie la charité qu'on a pour ſes freres. (Le chaſte amour de la *pieté* fraternelle) [*Relig. prouv. par les faits.*]

Pʟᴀᴄᴇ. En place, pour dire, à la *place. Fab.* 18. *l.* 4.

> Et ne met qu'une grandeur fauſſe
> *En place* de la Majeſté.

Pʟᴀɪɴᴇ. Le même Poëte appelle l'air, *la plaine azurée.* C'étoit autrefois le nom de la Mer ; mais c'eſt aujourd'hui celui de l'air. *Iliad. l.* 2. *p.* 37.

> En ce moment Iris fend *la plaine azurée.*

Pʟᴀɪsᴀᴍᴍᴇɴᴛ. Rien n'eſt plus beau que les adverbes, qui contraſtent avec les adjectifs, comme une fille effroyablement belle, une piece horriblement admirable. Notre Fabuliſte dit, *un Tableau plaiſamment formidable, ſ.* 16. *l.* 1. Le même Auteur dit, *Fab.* 12. *l.* 2.

> Apollon veut expreſſément
> Que l'on ſoit ruſtique avec grace,
> Et populaire élegamment.

Pʟᴇᴏɴᴀsᴍᴇ.

PLEONASME. Repetition inutile ; c'eſt un terme de Grammaire que le Fabuliſte du ſiécle a placé avec grace dans ces vers.

> Prince, que je ne tiens pas compte
> De ſurnommer vaillant ; car vaillant & Condé
> C'eſt même choſe , & j'aurois honte
> D'un *Pléonaſme décidé.*   *Fab.* I. *l.* 3.

PLOYER, pour *plier.* (Le Marchand fit *ployer* & empaqueter mon drap.) *Spect. Franc.* 1723. *f.* 11.

PLÛPART. Vaugelas dit que *la plûpart* ſuivi d'un genitif pluriel veut le verbe au pluriel auſſi , parce que c'eſt alors le genitif qui préſide à la phraſe , & qui par conſéquent regit le verbe. Le Traducteur de Virgile , *Eneïd. t.* 6. *p.* 4. n'a pas cru devoir obſerver cette régle frivole ; il dit dans une Note. (La plûpart des Interpretes a entendu par là que, &c.) Dira-t-on que cet Ecrivain ne ſçait pas parler François ? Auroit-il entrepris d'écrire l'*Hiſtoire Romaine* ?

POINTE. *Pouſſer ſa pointe* , eſt une expreſſion d'un uſage familier. Il eſt neanmoins du ſtile le plus noble. Car on lit dans l'*Hiſt. Rom.* p. 296.

G

tom. 1. (Le Conquerant *pouffa fa pointe.*)

POLITIQUER. « Ceux qui n'ont » que le foin de *politiquer*, conçoi- » vent à leur aife de hautes penfées. » [Trad. du *Heros, p.* 268.] Ce mot ne s'étoit point encore écrit, ce me femble.

POPULARITE'. « Fabius *infpiré par* » *fa popularité* , fongea à reconcilier » le peuple avec le Senat. » [*Hift.* *Rom. t.* 2. *p.* 438.

POSTHUME. Un Poëte dit que *les grandes réputations font prefque toû- jours pofthumes.* [Pref. des *Fables.*]

PRENABLE , pour reprehenfible. (C'eft le feul mot, par où la Trad. foit *prenable.*) [*Apol.* de la Trad. de Denys d'Halic. chez Dupuys.]

PRE'PONDERANT. Une raifon , une autorité préponderante. Ce terme eft fort d'ufage : Les exemples tirés de quelques Auteurs modernes ne me font pas prefents.

PRESCRIRE. (Ariftote *prefcrit* que les mœurs *doivent* être convenables) [*Pref. de la Trad. de l'Eneïd.*] *Pref- crire* qu'une chofe *doit* être , eft digne de remarque.

PRESIDER. L'Auteur du *Spectat. franc. p.* 13. dit : « Je fuis né le « plus humain de tous les hommes, « & ce caractére a toujours *préfidé* fur « toutes mes idées. »

PRESSER. Dans les repas de débauche, chacun *fe preſſe de l'exemple;* c'eſtà-dire que chacun s'excite à boire, & fe pique de donner l'exemple. (Ode fur *la fuite de foi-même.*)

> De l'exemple chacun fe preſſe ,
> Impatiens que leur yvreſſe
> Les délivre de la raifon.

PRETERIT indéfini. Le Trad. de Virgile [Georg. *p.* 389.] dit : « Sa « turne ne *fut* pas le feul à qui l'anti « quité *ait donné* la faucille pour « fymbole. » *Ait donné* eſt ici pour *donna* : ou bien *fut* eſt mis pour *eſt.* Tout cela eſt bon.

PRIMITIF. « L'heroïfme femble « appartenir aux hommes de guerre « d'une maniere plus propre , *&* « comme *primitive.* » [*Trad. du Heros,* p. 131.]

PROFANE. Traiter en *profane.* L'Auteur de l'*Iliade* (l. 11. p. 186.) fuppofant que les Manes de Patrocle devoient être *traités en facrés,* dit:

G ij

Et pourquoi fouffres-tu fi longtemps que mes
 manes
Par les Dieux des enfers foient *traités en pro-*
 fanes ?

PROFOND. L'Auteur des *Poëfies di-*
verfes dans fa Fable ingénieufe du
Chirurgien, dit élegamment,

Faute d'avoir donné des *coups* affés *profonds*,
Le loup refte fouvent enfermé dans l'étable.

PROLONGER fon départ , pour dire, differer fon départ. (Contraignez-
le par vos careffes à *prolonger* fon départ) [*Trad. de l'Eneïd. t. 2. p.* 11.
PROMENER. Un Maître qui ap-
prend l'Hiftoire à fon Eleve , felon
l'expreffion de notre Fabulifte , *le*
promene par les fiécles paffés. Fab. 1.
l. 4.

Nouveau Mentor d'un nouveau Telemaque ;
Toi qui le *promenant par les fiécles paffés* ,
 Pour le bonheur d'une autre Itaque
Raproches fous fes yeux tant de faits difper-
 fés ;
 Dans fes *fedentaires voïages*
Tu le conduis fans crainte des naufrages.

C'eft dans cette piéce que l'Auteur dit élegamment , que *quand le*
Maître plaît , les leçons en profitent. Il
veut dire que le difciple profite mieux

des leçons. Mais cela auroit été plat
& trivial.

PROMPT *à la main.* Expreſſion élegante & nullement baſſe, pour dire,
prêt, ou ſimplement *prompt.*

> Quelques gens trop prompts à la main
> A juger mal de leur prochain.

(L'Auteur des *Poëſies diverſes* dans
la piéce intitulée *la Rhune.*) Il y a
des *avanturiers trop prompts à la main*
à vilipender cet Ecrivain, dont les
Provinciaux font cas.

PROSPERE. On dit communément
en poëſie, les Dieux *proſperes*, dans
un ſens abſolu, c'eſt-à-dire *favora-*
bles: mais il eſt beau de dire avec
l'Auteur de l'*Iliade*, l. 4. p. 71, *Les*
Dieux proſperes à nos travaux..

PROSTERNER ſignifie aujourd'hui
abattre, conſterner. (Les ames foibles que *proſterne* le ton hardi de la
confiance) [*Rel. pr. par les faits.*]

PUISSANS. Les *Puiſſans*, pour dire
les Grands. *Fab. 8. l. 3,*

> La populace ici comprend bien *des puiſſans,*
> Je n'irai pas leur dire en face.
> Je ne le dis, diſcret Auteur,
> Qu'à l'oreille de mon Lecteur.

PUERILE. *Pueriles* au maſculin, dans

l'Ode fur la fuite de foi-même.

> On de *pueriles* Protées
> Sous mille formes empruntées
> Charment burlefquement les yeux.

On dit ordinairement *pueril*, *fub-til*, *vil*, &c. parce que *puerilis*, *fub-tilis*, *vilis* en Latin ont la penultié-me longue ; mais, l'autorité que je viens de citer, fait voir que l'on peut fe difpenfer quelquefois de fuivre la regle, furtout en vers. L'Auteur de *la Rel. pr. par les faits*, fait plus ; il dit toujours au mafculin, *puerile*, *vile*, *fubtile*, fans même y être obli-gé par la contrainte de la mefure; apparemment pour imiter le Poëte.

Pur. (Le jugement que j'en for-me eft *pur de toute prévention*.) [*Spect. Fr. p.* 106.]

Q

QUADRAN. Notre Fabulifte l'ap-pelle ingénuëment *le Greffier Solaire*.

> Un jour la Montre au Quadran infultoit
> Demandant quelle heure il étoit,
> Je n'en fçai rien, dit le *Greffier folaire*.

[*Fab.* 2. *l.* 3.]

QUE. Le *que* relatif étant précédé d'un substantif, exige selon les Regles ordinaires, que le participe qui suit, soit accordé avec le substantif; comme par exemple, on prétend qu'il faut dire, *la Lettre que vous m'avés écrite*, & non pas *la Lettre que vous m'avés écrit*. Mais l'exemple de nos grands Maîtres modernes est une autorité suffisante qui nous dispense de cette Loi grammaticale. L'Auteur de l'Opera d'Isse, dit

> Payés-vous s'il se peut des larmes,
> Que vous avés *versé* pour eux.

Il auroit eu grand tort de dire *versées*, le vers n'y auroit pas été.

R

RABAIS. Mettre quelqu'un au *Rabais*, pour dire, le rabaisser. (Tite-Live partout déclame contre les Gaulois & *les met au rabais*.) [*Pref. de l'Hist. Rom.*]

RACE. La race humaine est *la servante de Jupiter*. [*Fab.* 14. *l.* 1.]

RANG d'*oignon*. Si ce terme étoit aussi bas qu'il le paroît, l'Auteur des *Poësies diverses* ne l'auroit pas employé: car il n'est jamais permis de s'exprimer baſſement. *Voyez ſa belle Epître à M. Etienne.*

RAISON. « *En affaires de raiſon*, il » faut ſi l'on ſe ſent fort, ſe battre : c'eſt-à-dire, raiſonner. » [*Apol. de la Trad. de D. d'Hal.* chez Dupuis.]

RAVE. Notre Fabuliſte appelle très-heureuſement une groſſe Rave, un *Phénomene potager.* Fab. 19. l. 5.

RAVINE. « Elle s'étoit engagée » dans une *ravine*, qu'un torrent » alors à ſec avoit rempli de groſſes » pierres. » [*Trad. de l'Eneïd. t. 6. p.* 61.] Selon l'uſage du vulgaire, & ſuivant tous les Dictionnaires, une *ravine* eſt une pluye orageuſe qui forme ſur la terre des *ravins*, c'eſt-à-dire, des foſſes, des chemins creux. Mais le Traducteur nous apprend que les foſſes, les chemins creux doivent être appellés des *ravines*. Un Auteur auſſi renommé doit être cru. » Il lui fallut diſpoſer ſes troupes » dans une eſpece de *ravine*, où il » n'eut pas aſſés d'eſpace pour les » étendre. » [*Hiſt. Rom. t. 2. p.* 459.]

RAYONS du Soleil. Ce ſont les éclairs de l'œil ardent du jour. Fab. 1. l. 1.

RECONNOISSANCE. C'eſt, ſelon notre Fabuliſte moderne, *un ſalaire que
l'on vole à un bienfaiteur*, lorſque l'on
eſt ingrat. [*Fab.* 10. *l.* 2.] Cependant le vol eſt mediocre ; car ſelon
le même Auteur *ibid.* « La gloire «
que l'on a de rendre ſervice à quel- «
qu'un eſt *un tour d'avarice qui ſe* «
paye par ſes mains. » Cela eſt ingenieux & profond.

REDOUBLER d'attention. « Il faut «
eſſayer de découvrir le caractére «
des perſonnes qu'on ne connoît pas «
& *redoubler* d'attention pour les «
pénétrer , ſi l'on ſoupçonne que «
ce ſont des hommes profonds. »
[*Hom. univ.*] Parcourés *les ſiécles
redoublés* , dit l'Auteur de *la Rel. pr.*
pour dire *tous les ſiécles.* Le Traducteur de l'Eneïde employe auſſi fort
ſouvent ce mot.

REDRESSER l'eſtime , pour dire *re-
dreſſer* le jugement trop favorable
qu'on a formé ſur quelque choſe.
« Votre Critique, qui force à admi- «
rer la Traduction du P. Le J. par «
elle-même , *redreſſe mon eſtime.* »
[*Apol. de D. d'Halicarnaſſe p.* 1.]

REFLECHIR. « La dignité du ſujet «

» étourdiſſoit cet homme. Elle *ré-*
» *flechiſſoit ſur ſon ame* , & la remuoit
» d'un ſentiment d'élevation perſon-
» nelle. » [*Spect. Franc. p.* 76.]
Reflechir une choſe. Ex. » Nous
» ſentons avec plaiſir la ſuperiorité,
» ſans *la réflechir* avec l'étonnement
» qu'elle mérite. » [*Spect. Franc.*
1723.*ſ.* 8.]

REFUS. *Des refus atirans* , eſt une
jolie expreſſion , qui depuis peu
eſt malheureuſement devenuë trop
commune. *Il. l.* 7. *p.* 119.

Ces *refus atirans* , l'écüeil des ſages mêmes.
Dans le Poëme de *la Ligue* on trou-
ve *des refus atirans* , & l'Auteur du
Clovis y en a mis auſſi. Cette expreſſion, étant aujourd'hui ſi triviale, ne
peut plus faire qu'un honneur mediocre à quiconque s'en ſervira.

REGION *Méditerranée.* C'eſt ainſi,
dit l'Apologiſte de la *Trad. de Denis
d'Halicarnaſſe* , qu'on peut rendre
ces mots *loca mediterranea.* Si le Traducteur a traduit *per loca mediterranea* (par la *Méditerranée* ,) c'eſt
ſelon ſon Confrere, que l'Imprimeur
a oublié le mot de *region.* Ainſi *region
mediterranée* eſt une bonne expreſſion

pour fignifier, le milieu des terres.
C'eſt ainſi qu'il prétend que le Traducteur, ayant mis des *palmes* pour
des *boucliers* dans les mains des Sa-
liens, le Manuſcrit du Traducteur
portoit le mot de *parmes*; & qu'au
lieu qu'on lit dans l'imprimé, *que le*
Teverone prend ſa ſource à Tibur, il
faut lire, ſelon le MS, que *le Teverone*
prend ſa ſecouſſe à Tibur. Region Méditerranée, Parme, Secouſſe d'un
fleuve : expreſſions neuves & qui
vont fans doute être à la mode.

R E N A I S S A N C E. La *renaiſſance*
du jour. « La ferveur conduiſoit
quelquefois les prieres juſqu'à la «
renaiſſance du jour. » [*Relig. prouv.*
par les faits.]

R E N F E R M E R. On dit ſe *renfermer*
a une choſe, au lieu de dire *dans* une
choſe. » Je ne puis pas nommer «
génie heureux celui qui eſt *renfermé* «
à une ſeule choſe. » [*Hom. univerſ*.]

R E P L I E R. *Se replier ſur ſoi-même*,
pour dire s'examiner, fonder ſa
conſcience. » Que chacun ſe *replie* «
ſur ſoi-même, & juge de la vérité «
de ce que je vais dire. » [*Relig. prou.*
par les faits.]

REPONDRE une difficulté, pour dire *répondre à* une difficulté. On a cru jufqu'ici que *répondre* n'étoit actif, que par rapport à une Requête. Il faut remarquer, dit-on, qu'il y a bien de la différence entre *répondre une Requête*, & *répondre à une Requête*. Le Juge répond la Requête, & l'Avocat répond à la Requête. Quoiqu'il en foit, on dit aujourd'hui *répondre* un argument, une difficulté, une objection. « Les difficultés « de la Synagogue y font expofées « & *réponduës* avec force & clarté. » [*Rel. prouv. par les faits.*]

RESPECT. (J'ai fait ceder mon zele au *respect des convenances*) dans l'*avis* important qui eft à la tête de la Tragedie d'*Inès*, & qui a été malheureufement fupprimé dans la feconde Edition. (Les *refpects* marchoient à la fuite d'Origene.) [*Rel. prouv.*] « Il faut qu'un homme d'ef- » prit juge, ne fut-ce que pour » mettre fon orgueil en *poffeffion du* » *refpect*, que fes amis auront pour » ce qu'il penfe, & qu'enfin il eft » *comptable à l'attente* où ils font d'une » décifion quelconque. » [*Spect. Fr.* *p.* 99. REVALOIR.

REVALOIR. Mot très-beau & très-noble, comme en cette phrase de *l'Hist. Rom. t. 1. p. 302.* « Il laissa « les Sabins maîtres de la Campagne, « bien sûr de leur *revaloir* dans peu « leur brigandage. .. Il eût eu peine « à *revaloir* aux Romains la perte « qu'ils avoient faite. [*Ibid. p. 429.*]

RIGOLE. Mot employé dans le stile sublime. Ex. « On a mieux aimé « se desalterer *dans les rigoles* que « dans les eaux pures des grands « fleuves. » [*Pref. de l'Hist. Rom.*]

RIRE. « Rien n'est plus vrai « qu'un homme oisif se plaît à dispu- « ter son estime à la conduite des « personnes en place : il entre dans « les dégoûts qu'il prend pour elles « *certaine audace qui lui rit* , qui le « vange de son peu de relief , de « l'inaction dans laquelle il passe la « journée , & lui donne je ne sçai « quel air *d'importance momentanée*, « dont il s'amuse. » [*Spect. Fr. p. 78.*]

RIVALITÉ. Ce qui constitue un homme dans la qualité de *rival*. Je ne me rappelle pas l'Auteur de ce beau mot, que j'ai lû quelque part.

RIVAUX. Je ne puis m'empêcher de remarquer ici un vers coulant de l'*Iliad. l. 9, p.* 157.

Etoit-ce au fol amour à vous *faire rivaux.*

ROIS. Voici une belle Sentence exprimée heureufement. *Fab.* 1. *l.* 1.

Les grands Rois fe font des grands Hommes.

C'eft-à-dire que pour être grand Roi il faut d'abord être grand homme, auffi l'Auteur ajoûte :

Travaille donc à l'homme, & quand il fera fait
  Le Roi viendra bien aifément s'y joindre.
  Faire l'homme eft le grand objet,
  Et faire le Roi c'eft le moindre.

ROMPRE les flots, c'eft-à-dire, nager. Les Auteurs de la nouvelle *Hift. Rom.* expriment ainfi l'action de la fameufe Clelie qui fe fauva à la nage. « Elle fe met à la nage, & in-
» vite fes Compagnes à la fuivre,
» elle les encourage & leur apprend
» à *rompre les flots* à fa fuite. » *t.* 2. *p.* 47. Ils appellent cette belle action une *équipée.*

ROUTE. (Sa *route* étoit marquée par la *trace de lumiere* qu'il y laiffoit.) [*Rel. pron. par les faits.*]

SACRIFICATEURS. L'Auteur de l'*I-liade* nous apprend qu'ils chantoient autrefois autour des corps, comme nos Prêtres font dans les enterrements. *Iliad l.* 32. *p.* 201.

Rangés autour de lui les Sacrificateurs
Mêloient leurs triftes *chants* aux cris des
    fpectateurs.

SALIR. (Vos foupçons, Romains, n'ont pas *fali ma gloire.*) [*Hift. Rom.* *t.* 2. *p.* 40.

SAILLANT. (Cet homme a *du faillant* dans l'efprit.) [*Difc. fam. du C.*]

SATIETE'. « Jamais l'ame *n'a fa- tieté* des voluptés de la vertu. Elle fe trouve en les goûtant *dans fa façon d'être* la plus délicieufe & la plus fuperbe. » [*Spect. Fr. p.* 61.]

SAUPOUDRE'. « La piéce des *pa-tés* du P. D. C. eft honnêtement *faupoudrée* de fel attique. » C'eft un éloge donné par un homme de bon goût, comme l'on voit, & qui eft rapporté par l'Auteur des *Pâtés,* dans la Préface des *Poëfies diverfes.*

SCANDALE. (Ce feul récit *eft en fcandale.*) [*Rel. pr. par les faits.*]

SÇAVOIR. Se fçavoir foi-même;

fçavoir quelqu'un. « Lorfqu'il *fe*
» *fçait à fond* il s'évertuë fur le talent
qu'il croit reconnoître en foi. »
[*Hom. univ.*]

SCELERATESSE. Mot nouveau &
exquis. Quelques Auteurs polis s'en
fervent, & fur tout notre *Spect. Franc.*

SCELERATS de Theatre. Les fce-
» lerats que C. a mis fur le Theatre,
» font des fcelerats illuftres qui exci-
» tent votre horreur & revendiquent
» votre admiration, vous leur voüés
» votre haine en leur prodiguant vos
» refpects. [*Difc. Fam. du C.*]

SCULPTER. Mot employé en cent
endroits de la *Traduction de l'Eneïde.*
Le vulgaire dit *fculper* , le Dictionnaire de Trevoux après Richelet &
tous les autres Lexicographes François dit , auffi *fculper* , du latin *fcul-*
pere.

SECOUEMENT. Action de celui qui
fecoüe. « Le *fecouëment* de l'auto- «
rité & le mépris des décifions enga- «
gent dans mille erreurs. » [*Sermons*
de **.]

SECOUSSE. V. *Tomber en partage.*

SECTAIRE. Qui eft attaché à une
fecte. L'on a dit jufqu'ici *les fectai-*

res,en prenant ce terme abfolument, pour dire les hérétiques, les gens de fecte & de parti : on s'en fert à préfent dans un fens relatif. (*Les Sectaires de Mahomet*) [*Relig. pr. par les faits.*]

Sens. On appelle élégamment un homme un peu judicieux, un homme *que quelque fens éclaire.* (*Fab.* 19. *l.* 1.)

Sentiment. Avoir fentiment d'une chofe. (Il s'agiffoit que l'autre eût à fon tour *fentiment de fon merite.*) [*Spect. Franc.* 1723. *p.* 152. 1. *f.*].

Sentimenté adj. Qui eft rempli de fentiment. Le ftile de l'Elegie doit être doux, naturel, touchant & *fentimenté.* [*Obfervations fur chaque efpece de poëfie,* à la fin du *Traité de la Poëfie Françoife du P. Mourgues,* imprimé il y a deux ans chez Mufier.]

Servir. On fait quelquefois un ufage admirable de ce terme. Par exemple. *Iliad. l.* 9. *p.* 147. Patrocle parle ainfi en mourant:

J'ai fait jouir Hector d'un triomphe facile; Et fervi fa valeur *de l'abfence* d'Achille.

Signe. *Voïex* Vanité'.

SINCERITE'. L'homme doit être sincere. Cela est dit fort élegamment. *Fab*: 8. *l.* 5.

L'homme sans doute envers l'homme son frere
Est tenu de sincerité.

SINGULARITE'. « Penser natu» rellement, c'est rester dans la *sin-* » *gularité* d'esprit qui nous est » échuë. » [*Spect. Franc.* 112.]

SOLITUDE. *En solitude.* « Il se re-» tira dans son logis pour faire *pan-* » *ser en solitude* les playes qu'il avoit » reçuës au combat. » [*Hist. Rom.* 42. *p.* 438.]

SON. L'Auteur de la Trad. de l'E-neïde *p.* 455. dit « J'observe les Cy-» clopes du haut d'un rocher, & je » tremble au moindre *son de leurs* » *pas.* » Cela est plus élegant que s'il eût dit, *au bruit de leurs pas.*

Sonitumque pedum vocemque tremisco.

SORTIR à la Campagne. [*Hist. Rom.* 42. *p.* 236.]

SOUFFRE à l'imperatif n'a point d's, comme c'est la regle à l'impe-ratif aime, *ama*, regne, *regna*: Plu-tôt que de violer cette regle, l'Au-teur des Odes modernes a mieux aimé qu'une syllabe manquât à un de ses vers dans son *Ode sur la mort de Loüis-le-Grand*, où il parle ainsi au Regent.

> C'est la verité qui t'approche,,
> Et puisque sa candeur te plaît
> *Souffre* en ce tendre reproche
> Pardonnable à notre interét.

L'imprimé porte *souffres* avec une s. mais c'est une faute d'impression; l'Auteur sçait trop bien sa langue pour avoir fait cette bevuë.

SOUHAITS. L'Auteur d'*Inès* par une charmante métathése, dit que les *cris* des peuples remplissent l'air de *souhaits*.

> Leurs cris remplissent l'air de leurs tendres souhaits.

L'Auteur de la Traduction de l'Eneïde *t.* 2. *p.* 95. dit, *exaucer des souhaits*, pour *exaucer des vœux*, & dans son Hist. Rom. *Exaucer des desirs*, *t.* 2. *p.* 142.

SOURCE. On a toûjours dit que des vers heureux & naturels *coulent de source*; mais c'est bien parler aussi, que de dire; un tel Auteur *écrit de source*. Car l'Auteur de la charmante & claire *Apologie* de Denys d'Halicarnasse traduit par le *R. P. le Jai*, dit que le Traducteur *écrit de source* ; *p. 2.* & ailleurs (dans les Mem. de Tr.) il dit que *la conformité du françois avec le grec n'est point celle d'une copie à l'Original, mais celle d'une copie avec l'autre copie.* C'est que le Traducteur avoit traduit plutôt Portus, que D. d'Halicarnasse : ainsi l'éloge est vrai ; comme le remarque l'autre Traducteur de D. d'Halicarnasse, imprimé chez Lottin.

SOURD. Notre Fabuliste dit des *flots sourds* qu'il oppose aux flots raisonnants. *Fab.* **7.** *l.* **3.**

SOURIRE. *Cherchés* NEANT.

SUJET. Etre *sujet des vertus* de quelqu'un, Pensée & expression ingénieuse de notre Fabuliste. *Fab.* **1.** *l.* **5.** où il dit à la Reine de Prusse.

> L'encens de tes sujets ressent la dépendance ;
> Tous leurs hommages te font dûs,
> Ils sont sujets de ta puissance,
> Je ne le suis moi que de tes vertus.

Quiconque inventera des façons de parler aussi heureuses que cet Auteur, surmontera aisément là difficulté de faire des vers, & donnera une foule d'Ouvrages en tout genre; mais on veut mal-à-propos être efclave du caprice de la langue. On veut parler comme les autres, & on n'avance point. Qu'il eft beau de fçavoir fe faire une langue à foi-même! Tant pis pour les petits efprits qui ne nous entendent point.

Suisse. Selon notre Fabulifte moderne, une haïe eft le *fuiffe* d'un jardin. *Fab. 9. l. 1.*

Survivre à la flamme, pour dire échapper au feu. Les écrits qui *furvécurent* à la flamme, &c.) [*Pref. de l'Hift. Rom. p. 13.*]

Suspecter, pour dire foupçonner, eft un terme du Palais. Nos modernes s'en fervent communément & écrivent *fufpecter*, ne croyant pas que *foupçonner* fignifie la même chofe. Un Auteur s'en fert auffi dans une certaine *Apologie* de M. D. L. mais il femble qu'il l'ait voulu employer *ironiquement*, & pour s'en moquer : En ce cas il a tort.

Systême. « Il fçut fe défendre « de l'apas du *fyftême* particulier toû- « jours exclufif de quelques verités « connuës ou à connoître. » [*Rel. pr. par les faits.*]

Tabac. « Le tabac par lui-même
» ne fait point de volupté ; il
» occasionne seulement à l'ame des
» modifications, qui par des secous-
» ses variées l'agitent agréablement,
» & la tirent de son assiette. » *Disc.*
Fam. du C.

Talons. (Ils crurent les Romains
à leurs talons.) [*Hist. Rom. t.* 2. *p.* 37.
Expression élegante & noble.

Temerite'. (Les Romains con-
fioient la Prêtrise à la *temerité* du sort.
[*Hist. Rom.*]

Terme. *Arrêter le terme d'une Ville
à un temps.* Cette façon de parler est
heureuse. *Iliad. t.* 1. *p.* 22.

Il ignore à quel tems son *terme* est arrêté.

Terrasser l'*insolence.* Belle meto-
nymie de l'Auteur de la Tragedie
d'*Inès.*

Tête. « Gritti fut pris & condam-
» né à un supplice très-cruel ; on
» lui coupa le matin les bras, à mi-
» di les pieds, & le soir la tête, il
» meritoit de la perdre pour s'être
» mis *à celle* des ennemis. » [*Trad.*
nouvelle de Sagredo.]

Tison. L'Auteur des *Poësies diver-*

verfes apoftrophe ainfi fes *tifons.*

> Que j'entends bien votre langage !
> Que j'y remarque de douceur !
> Tifons, vous fçavez bien vous ouvrir un
> paflage,
> Jufques dans le fond de mon cœur.

Dans cette piéce curieufe l'Auteur préfere les *tifons* aux Philofophes, aux Hiftoriens, aux Politiques, &c. Jolie idée !

TOMBER amoureux. (Elle *tomba* tout fubitement *amoureufe* de moi.) [*Spect. Franc. f.* 7. *1723.*] L'amour eft par cette expreffion répréfenté comme une apoplexie agréable.

TOMBER en partage *aux foins.* L'Auteur de la Traduction de Denis d'Halicarnaffe imprimée chez Dupuis, ayant dit que le Teverone prend *fa fource* dans une Ville qu'on appelle *Tibur*, fon Apologifte prétend que c'eft une faute d'impreffion, & qu'au lieu de dire que le Teverone prend *fa fource* à Tibur, (ce qui eft une erreur,) il y avoit dans le Manufcrit du R. P. *prend fa fecouffe.* « Le Manufcrit, ajoûte-t-il, eft « *tombé* malheureufement *en partage* « *aux foins* d'un Imprimeur. » *Apol.*

du P. le Jai. p. 9 1. S'il fut *tombé en partage aux soins* de l'Apologiste, qu'il y auroit eu d'esprit & de brillant!

TON. On dit aujourd'hui figurement *donner le ton*, pour dire *donner l'exemple*. Le *ton* du siecle signifie le goût du temps. (Cet Ouvrage est écrit sur le vrai *ton*. [*Relig. prouv. par les faits.*] C'est depuis peu qu'on a fort bien découvert qu'on pouvoit *écrire sur un ton*. « Le Royaume » de Juda portoit quelquefois ses » vœux à l'Idole. Les Princes y *don-* » *noient le ton au peuple.* » *Ibid.* « Il ne » faut quelquefois qu'un homme d'es- » prit pour *donner le ton* à tout son » siécle. » [L'Auteur de l'*Iliade* dans sa *Préface.*]

TÔT *après.* Vieux terme qui signifie *bientôt après.* Il a plû davantage à un Académicien que le *bientôt après.* (*Tôt après* la Résurrection de Jesus-Christ.) [*Relig. prouv. par les faits.*]

TOUCHER *d'interêt;* pour dire intéresser. Dans *Inès.*

> Je crains cet interêt, dont vous touche ma
> vie.

TRACE *de lumiere.* Voïez ROUTE.

TRADITIONEL

TRADITIONNEL adj. «L'autorité «
traditionnelle n'avoit aucun empire «
fur ces Sectaires. » [*Relig. pr.*]

TRADUCTION. Une Traduction
élegante & un peu libre, eft une *Tra-*
duction ambitieufe. [*Pref. de l'Il.* p. 1 3.]

TRADUISIBLE. Ce mot fe lit dans
les Memoires de Trevoux.

TRANCHANT. « Ces réponfes «
tranchantes contre un idolâtre ne «
pénétroient pas jufqu'à la racine de «
la difficulté. » [*Relig. pr. par les faits.*]

TRANCHER. « La qualité de frip- «
pon *tranche* moins que la vertu «
avec le caractére des hommes, il «
leur reffemble par-là davantage, «
&c. » [*Spect. Franc.* 1723. f. 1 2.]

TRAIT. « Je recevois la leçon «
avec le trait de tendreffe qui me la «
donnoit. » [*Spect. Fr.* 1723. f. 1 1.]

TRAITS. « J'ai comme ignoré «
moi-même ces traits *qui ont plus de* «
venin que de coup, & qui *raniment* «
votre ftile de Catalogue, & fe mê- «
lent aux promeffes menaçantes de «
vos bruyans Exordes. » [*Apol.* de
la Trad. de D. d'Halicarnaffe, imprimée chez Greg. Dupuys.

TRAVAILLER. *Se travailler*, pour

I

dire, fe fatiguer, fe donner beaucoup de peine. (Il ne faut point fe travailler & s'outrer.) [*Homme univ.*]

Travailler après une chofe ; maniere de parler, qu'on écrit depuis peu. » Ses mains *travailloient* ma-» chinallement *après* fa robe, & *après* » fa coëffure, pour leur faire trouver » grace devant mes yeux. » [*Spect. Franc.* 1724. *p.* 4.]

TRAVAIL. Le travail de faire quelque chofe, pour dire, *la peine.* En voici un exemple dans l'Ode de *la fuite de foi-même.*

> Et par un nouveau ftratagême
> Je me fauve des chofes même
> Dans le travail de les rimer.

Se fauver des chofes dans le travail, cela eft heureux.

TRAVERS, *au travers.* Un Poëte célébre dit bien ingenieufement. *Il. l. 3. p.* 56.

> Mais quand à *la fplendeur*, la fille de Leda
> Au travers de la vieille eut connu la Deeffe.

Connoitre à la fplendeur une Deeffe *au travers d'une vieille.* Cela eft bien dit. C'eft ainfi qu'*au travers* d un homme vanté on connoît quelquefois *à la fplendeur de la Critique* un fort mauvais Ecrivain. Le même Auteur ajoûte en cet endroit ce vers qui eſt d'une galanterie parfaite.

Si vous m'*aimiés* encor , je *ſuis* aſſés heureux.

Cela vaut bien mieux que s'il eût dit , *je ſerois aſſés heureux.*

Traverses. *Joüir des traverſes* de quelqu'un. Bonne expreſſion , elle eſt tirée de l'*Iliade l. 2. p. 32.*

Et depuis qu'Ilion *joüit de nos traverſes*
Le Soleil a neuf fois vû ſes maiſons diverſes.

Travesti. « Le ſang de la cou- « pe ſacrée fut *traveſti* en libation « parricide. » [*Rel. pr. par les faits.*]

V

Valeur. Mettre ſa figure en va- leur. « Ils ont eu ſoin de ne « s'offrir de part & d'autre que dans « une certaine propreté, qui mit *leur* « *figure en valeur.* ... Ils ont reſpecté « leur *imagination* qu'ils connoiſſoient « foible, & dont ils ont craint d'en- « courir la *diſgrace*, en ſe préſentant « mal vêtus. » [*Spect. Fr.* 1723. 4. ſ.]

Vanite'. « Un amant ne s'en « retourne pas ſi vîte : *notre vanité lui* « *fait ſigne d'attendre,* & il attend. »

[*Spect. Franc.* 1723. 5. *feüille.*]

VASTE. Notre Fabuliste dit (la *vaste* cruauté des Romains) *Fab.* 14. *l.* 3.

VERSE'. (Un Abbé *versé dans les bonnes Lettres.*) [*Mem. de Trevoux, Janvier, p.* 196.]

VERSIFICATION. Dans les *Memoires de Trevoux , Mai* 1726. On loüe le Poëme nouveau sur la Religion, de ce qu'il renferme une *versification pensée.*

VIE. Selim II. se livroit avec excès à l'amour des femmes , ce qui abrega ses jours , (il se priva de la *vie* pour la donner à d'autres.) [*Sagredo traduit. nouvellement.*]

VIOLETTE. L'Auteur moderne des Fables dit que c'est une simple grisette parmi les fleurs. *Fab.* 7. *l.* 2. Un Jes. à son imitation , appelle les paquerettes *les soubretes des fleurs ,* dans une piéce de vers sur la convalescence du Roy.

UNIFORMISER. « C'est de cette » maniere que le Conseil peut *uni-* » *formiser* le Droit François. » *Mem. pour dim. le nombre des Procès,* p. 155.

UNIFORMITE'. Il y a de certains

tours qui ne laſſent jamais & dont l'*uniformité* eſt charmante. Il faut avoir un grand génie & un ſtile for- mé pour s'en ſervir. Voici par exem- ple le commencement du portrait de Lucrece.[*Hiſt. Rom. t.* 1. *p.* 489.] « *Belle* juſqu'à charmer tous les « yeux, elle étoit modeſte juſqu'à « impoſer du reſpect aux plus en- « treprenans. *Faite* pour briller au « plus grand jour, elle n'avoit du « goût que pour la retraite, & lorſ- « que la bienſéance l'obligeoit à ſe « montrer, jamais ſa politeſſe n'au- « toriſa les plus legers ſoupçons au « deſavantage de ſa vertu. *Douce* & « *complaiſante*, elle n'avoit de fier- « té que ſur l'honneur, &c. » Quoi- que ce portrait ne ſoit ni d'après Tite-Live, ni d'après Denys d'Ha- licarnaſſe, & qu'il ſoit d'imagination, il n'en eſt pas moins admirable. Tar- quin avoit beaucoup ſoûpiré pour Lucrece, puiſqu'il en méditoit de- puis longtemps la joüiſſance, ſelon notre Auteur ; mais ce deſir impur ne doit pas être appellé *ſoûpir.* Car l'Auteur dit que « la modeſte fier- « té de Lucrece avoit glacé Tar- «

» quin,& lui avoit interdit jufqu'aux
» foûpirs. » La *modefte* fierté de Lucrece interdit,comme vous voyés, *les
foûpirs* , mais elle n'interdit pas les
defirs impurs; cela eft clair. Le même Auteur peint à merveille l'action de Tarquin, » Il fit parler fon
» amour , dit-il , & fit fentir le fer
» dont il étoit armé. » Que ce vers
alexandrin a de grace dans une Hiftoire , lorfqu'il s'y trouve naturellement!

Et fit fentir le fer dont il étoit armé.

Il faut fe donner de garde de fub-
ftituer une autre expreffion à la place de *fer*.

VOCATION. « La nature nous a
» donné *vocation* pour un certain
» tour d'idées. »(*Spect. Fr. p.* 112.)

VOIR. Le Traducteur de l'Eneïde
dit toûjours , *vous voirés , on voira,
nous voirons , revoirai-je ?* Le vulgaire
dit cependant *vous verrés , on verra,
nous verrens , reverrai-je ?* apparemment qu'il fe trompe.

VOLER. On ne croiroit pas d'a-
bord que *voler faire quelque chofe,*
fut une expreffion françoife;au moins
on en peut douter ; cependant un

célébre Auteur parle ainfi. *Fab.* 18. *l.* 4.

> *Vole* plûtôt au Ciel y *dérober* la flâme
> Dont Promethée autrefois anima
> Le corps humain que lui-méme il forma.

Et dans l'*Iliad.* *l.* 1. *p.* 19.

> Thetis plus prompte *vole* au celefte lambris
> *Y demander* raifon de l'affront de fon fils.

VOLERIE pour vol. Notre Fabulifte dit, *l.* 2. *Fab.* 2.

> C'eft ainfi que toute la vie
> N'eft qu'un cercle de *volerie.*

VOLUME. « Des Ouvrages fecs » abftraits laiffent leur Auteur dans « l'oubli, & ne fervent qu'à remplir « triftement un vuide parmi des Li- « vres *achetés au volume.*» (*Heros p.* 132.)

VOYE. (Il n'eft pas *dans nos voyes* de penfer ainfi. (*Relig. prou. par les faits.*)) « Où les autres « Ecrivains font en défaut, Zonare « nous a remis *fur les voyes à la pour- « fuite de la verité.* » (*Pref. de l'Hift. Rom.*) « C'eft cette profonde ca- « pacité de fentiment qui met un « homme *fur la voye* de ces idées « fignificatives, & qui lui indique « ces tours *relatifs* à nos cœurs.« (*Spect. Franc.* 1723. *f.* 8.)

URBANITÉ. Le Nouvelliste du *Journal de Trevoux* s'exprime ainsi, au sujet d'un nouveau Poëme sur *l'urbanité*. « Elle paroît, dit-il, autant » être l'Auteur que l'objet de l'Ou- » vrage. (*Mai* 1726.)

UTILE. Il faut dans les ouvrages d'esprit, *de l'utile beau.* Ode de l'*Ombre d'Homere.*

> Je vois au sein de la nature
> L'idée invariable & sûre
> De *l'utile beau* , du parfait.

SUPPLEMENT,

AFFECTER. L'Auteur connu de la *Lettre sur l'Iliade moderne* , impri- mée en 1714. y traite tous ceux qui ne goûtent pas cette belle Traduc- tion, de *stupides erudits* , de *pieux fa- natiques* qui lisent Homere *avec une foi vive* , & sont enchantés des hau- tes merveilles , que *leur foi* leur dit être cachées dans leur *divin texte.* « Je n'ai pas de peine , ajoûte-t-il, » à deviner comment vous aurés été » *affecté* de l'*Iliade* de **, & de sa » Dissertation critique. » C'est-là qu'il dit encore que le Poëme d'Homere est un *beau Monstre*, un *Monstre grec*, & que c'est l'aveugle prévention qui nous rend *inconvertibles*.

BARBIER. Un Livre ayant paru sous le nom de *Barbier* Imprimeur de Nancy, sans nom d'Auteur, le *Journal de Trevoux* pour faire entendre que ce Livre est d'un Capucin, s'exprime ainsi. « Le Compilateur Anonyme n'a point imprimé « à Nancy, & il ne se sert point de « *Barbier*. « Voilà de la bonne plaisanterie. [Juillet 1726.]

MINIMES. « C'est une loüange « pour cet Ordre de s'éloigner de « plus en plus de son nom, par la « célébrité & l'étenduë que lui ac- « quiert le double mérite de la doc- « trine & de l'édification. » (*Mem. de Tr. Juin* 1726.

Fin du Dictionnaire.

ELOGE

HISTORIQUE

DE

PANTALON-PHOEBUS.

PANTALON-PHOEBUS nâquit dans le païs de Bizarrac, près de la Ville de Nephelie. Il fut l'aîné d'un frere boiteux, & d'une sœur venuë au monde dans la privation d'un œil : disgrace qui ne la déparoit point.

Son pere l'éleva fort durement, afin de le rendre plus robuste & plus vigoureux. C'est pourquoi il voulut que dans sa premiere enfance il couchât à l'air, dans une cour entourée d'un *Suisse*, & il ne craignit point pour lui l'*Aquilon*, vent *de midi*. De peur aussi que le langage de son fils ne devint brute & *incongru*, il ne souffrit point qu'il approchât des bergers du village,

Diction.
p. 47.
p. 6.

ni de ceux qui menoient les pour-
ceaux *paître le gland.* Cependant l'en- *p. 44.*
fant croiſſoit à chaque *aurore ;* mais *p. 12.*
il étoit encore *tendre comme du lait.* *p. 45.*

On prévit deſlors qu'il ſeroit un *p. 45.*
jour le vrai *Homme univerſel* de Polan-
cyle, & comme il paroiſſoit déja en
lui un génie également badin & ſu-
blime, on l'appella PANTALON-
PHOEBUS. Ce ſeroit dommage, di-
ſoit-on, qu'un tel eſprit demeurât
indiſcipliné : Il promet trop. Effec- *p. 57.*
ctivement *ſon eſprit ſortoit* tous les
jours *de ſa coquille.* *p. 23.*

A peine eût-il atteint l'âge de ſept
ans, que ſon pere, qui avoit l'eſprit
conſequent & lumineux, fut le *déclara- p. 21.*
teur de ſa deſtinée, &prononça ſur lui *p. 25.*
des *adages :* Il faut qu'un jeune hom- *p. 1.*
me cultive ſon eſprit par les Sciences : Celui-ci ſera un jour célébre
& fera parler *la Deeſſe à cent bou- p. 23.*
ſhes. Tout *affairé* qu'il étoit, *à l'éton- p. 2.*
nement de ſes amis, il s'appliqua lui- *p. 4.*
même à former ſon fils, & prit grand
plaiſir à *défricher le champ* que ſa fem- *p. 25.*
me lui avoit *prêté.* Il plaiſoit en inſ-
truiſant : *quand le Maître plaît, les le- Fab.*
ſons en profitent. ▪ Le Maître auroit *nouv.*

p. 39. » souffert sans peine de se voir ef-
» facé par le disciple. Car il y a dans
» l'ordre des Sciences une espece de
» *filiation affectueuse.* » Aussi le jeune
p. 97. Pantalon recevoit les leçons *avec le*
*trait de tendresse qui les lui donnoit,*mais
son gout étoit son principal Précepteur.

Quelque temps après il fut en-
voyé au Collége de Nephélie. Dès
qu'il y parut, on dit hautement qu'il
s'étoit fait donner, en *avancement*
d'hoirie, le sublime entendement
p. 10. de son docte pere. *Le cri de la*
p. 59. *loüange* étoit géneral ; il étoit si do-
cile, qu'il ne fut pas necessaire de
p. 9. travailler à *l'assouplir* étant tout
discipliné par la nature : aussi n'*atra*-
p. 30. *pa*-t-il jamais ce qui est l'apanage
p. 9. du Collége , & ce que certains Pé-
dans distribuënt *de legere* : au moins
p. 57. n'étoit-il pas *coutumier du fait.* Il étoit
p. 24. poli & honnête, & quoique né à
la campagne, il n'étoit point du
tout *agreste,* tout au plus il étoit *rus-*
p. 3. *tique élegamment & avec grace.*
p. 72. Il revint au château paternel pendant les vacances, & l'amour de
p. 81. son pere *redoubla de force* en le re-
voyant. Que je suis charmé, disoit-il,

foit-il , de *percevoir* les émolumens p. 70!
de la peine que j'ai prife à élever un
fils *decoré* d'un fi beau naturel ! *Tôt* p. 25.
après il falut partir & retourner au p. 96.
Collége. Son pere en l'embraffant
lui dit d'un vifage *profterné* , & d'un p. 77.
air abatu : *Ainfi donc mon fils vous* p. 3.
allés à Nephélie , & vous allés à Ne-
phélie fans moi. Son frere *généreux boi-*
teux , & fa fœur *charmante borgne* p. 13.
l'embrafferent auffi , & lui dirent en
pleurant , faut-il que vous ne puif-
fiez *prolonger votre départ ?* Ainfi s'ex- p. 76.
pliquoit *le chafte amour de la pieté* p. 72.
fraternelle.

Pantalon retourné à Nephélie, *re-*
doubla d'attention & d'ardeur pour
l'étude. Une noble émulation, fit du
Collége fa *patrie* ; il renonça à tous p. 69.
les jeux *pueriles & viles.* Il fuyoit la p. 77.
focieté de ces jeunes gens , qui ne
cherchent qu'à fe diffiper , qu'à perdre le temps , qu'à courir , qu'à fau-
ter , & fouvent s'eftropient *en pre-*
nant l'air pour toute chance , il étu- p. 18.
dioit foir & matin , & quelquefois
toute la nuit jufqu'à la *renaiffance du* p. 88.
jour : de forte qu'alors *il ne connoif-*
foit guere la différence du jour & de Rel. pr.

K

la nuit pour le repos, & que le retour
de la lumiere le trouvoit toujours fur
les Livres.

Il ne fongeoit donc qu'à éguifer

p. 77. de plus en plus fon efprit *fubtile*, &
p. 13. à *reculer la borne de fes conceptions.*
Quoiqu'il eût un fond d'efprit admi-
p. 15. rable, il voulut que la *broderie* des
Belles-Lettres *ornât & furpafsât ce*
fond; il fe lia étroitement avec les
jeunes gens les plus dévoüés au travail, avec lefquels il fit *bourfe com-*
p. 14. *mune* de fçavoir, de vertu, *de gloi-*
re. Dire que Pantalon remportoit
tous les prix du Collége, & dire en
même temps qu'il étoit tendrement
p. 73. cheri de fes Maîtres, c'eft *un pleonaf-*
me décidé. Il excelloit fur tout dans
l'interprétation des Auteurs Latins:
il expliquoit avec une grace infinie
les Commentaires de Jule Cefar,
qu'il traduifoit bien plus fidelement
p. 17. qu'Ablancourt , *rendant parfaite-*
ment a Céfar ce qui appartient à Cefar;
enforte qu'on ignoroit alors fi c'étoit Cé-
far ou le Traducteur qui parloit.

p. 1. Ayant enfin mis l'*achevement* à fes
Humanitez , fon pere l'envoya à
Lutece pour y étudier en Droit,

quoiqu'il prévit qu'il lui seroit *cou*-p. 24.
teux de l'y entretenir. Pantalon par-
tit plein d'allegresse , esperant y
faire sa fortune, & *avant de* partir,p. 10.
il déjeûna, & *but l'espoir à pleine cou*-pl 4.
pe. Ce ne fut point un voyageur
clandestin , car il fit le voyage par la p. 19.
voiture publique du coche, dans la
compagnie d'un pieux Sophiste ,
auquel il plût beaucoup, & qui lui
apprit le joli Art des Equivoques.
Celui-ci disoit qu'il ne falloit pas à
la vérité se servir de mots , *à toute*
entente , mais seulement de mots à *p. 24.*
double entente , de peur de mentir,
ce qui étoit un péché grief ; & lui
enseignoit que toute la finesse &
beauté de l'esprit consistoit dans l'invention des termes à deux sens , &
que de tous les jeux , le plus joli
lui sembloit être celui des mots. Il
eût voulu l'attirer au parti de l'E-
quivoque , mais le jeune Pantalon
y repugnoit , voulant être galant
homme & brave Cavalier. Un habit p. 28.
rouge lui *descendoit* sur le dos , & *dé-*
coroit sa taille. *Le magnifique poids* ibid.
d'une bonne *épée* d'argent pendoit à
son côté : *Fardeau secourable* dans le ibid.

K ij

befoin. Pantalon pendant la route s'écartoit de temps en temps de la

p. 7. compagnie pour avoir le plaifir d'*é-branler* fa belle épée, afin d'exciter fon courage comme Ajax , & fem-

p. 67. bloit un *Salien danfant avec la Par-me.* Au refte il montra beaucoup d'efprit fur le chemin, & fa *route fut*

p. 86. *marquée par la trace de lumiere qu'il y laiffa.*

Arrivé à Lutece, comme il étoit

p. 4. noblement vêtu, il fe logea *à l'ave-nant* , mais neanmoins dans un quar-tier qui pourroit être plus *frequenté*,

p. 5. *eû égard à fon amplitude* , c'eft-à-di-re , vis-à-vis les petites Maifons. On lui propofa d'abord d'aller à la Foire de S. Germain pour y voir une curio-

p. 29. fité affés furprenante. C'étoit l'*Oracle roulant du Deftin* , qu'une frénétique main chaffoit d'un cornet fatidique. Pantalon y alla & fut fort penaud, de voir que cette merveille qui lui avoit été tant vantée , n'étoit que chofe commune , à fçavoir des tables où l'on joüoit aux dez. Il s'apper-çut en enrageant qu'on s'étoit mo-qué de lui comme d'un jeune gar-çon tout frais venu de la Province,

& qui n'avoit vû en fa vie d'autres merveilles, que quelques *phenoménes* p. 71. *potagers* parmi les choux & les raves de fon jardin. Ceux qui lui jouerent p. 37. ce tour étoient jeunes gens *de petite efpece & de petit mérite*, puifqu'ils avoient été capables d'un pareil *dol*, p. 31. & qu'il ne convient point à gens d'honneur de propofer des *inventions* p. 39. *fallacieufes.*

Pantalon impatient de la dépenfe dans laquelle entraîne à Lutece la fréquentation des jeunes gens, renonça à leur perilleux commerce. Il ne voyoit prefque perfonne, & ne s'occupoit qu'à *donner de l'éducation à fon efprit*, qui, fuivant la fupputa- p. 32. tion exacte de la naiffance des ef- prits, devoit au premier jour naître à Lutéce, parce que *l'efprit naît où il s'étend.* p. 37. Notre jeune homme *fe tra- vailloit* fans ceffe, & s'exerçoit fur p. 97. toutes fortes de Sciences, pour fe déprévenir de fes erreurs.

Tantôt s'adonnant à la Morale il tâchoit *de fe rendre avantageux le* p. 92. *développement des myftéres de fon exif- tence*, & de parvenir à la connoiffan- ce de foi-même, de peur qu'il ne lui

K iij

p. 63. echapât *de sourire à son néant,* & pour
p. 87. cela il s'efforçoit de *se sçavoir à fond,*
p. 37. Il parcouroit en esprit *tous les états*
que porte la condition des hommes, &
n'y trouvoit que misere & vice. Il
p. 81. appelloit l'ingratitude *un salaire que*
l'on vole à son bienfaicteur, & le plaisir
d'obliger *un tour d'avarice qui se*
paye par ses mains. Il découvrit que
p. 46. la grandeur des Princes étoit *guindée*
sur la terreur, & que les Grands ne
font Grands, que parce qu'ils ont
p. 44. d'eux-mêmes des *sentimens gigantes-*
ques. Il disoit que les grands Princes
se faisoient des grands Hommes, & qu'il
p. 86. falloit *travailler à l'homme avant que*
de travailler au Prince : il éprouvoit
p. 87. en lui-même que « jamais l'ame n'a
» satieté des voluptés de la vertu,
» qu'elle se trouve en les goûtant
» dans sa façon d'être la plus déli-
» cieuse & la plus superbe, » il disoit
aussi que toute la vie n'étoit qu'*un*
cercle de volerie.
p. 103. De la Morale il passoit à la Phy-
sique, & *suivant la nature à la piste,*
il la *prenoit* souvent *sur le fait.* Il rai-
sonnoit sur toutes choses très-docte-
ment, sur les chiens, sur les chats,

fur les falamandres, fur les écrevif-
fes, &c. Il prétendoit en curieux
Scrutateur des chofes naturelles, que
lorfqu'un *écreviffe* fe rompoit une p. 32.
jambe, il s'en trouvoit une autre
au paffage, & que ces jambes re-
venoient de par nature. Il foutenoit
bien d'autres chofes encore au fujet
de *la réfurrection annuelle des germes,* p. 44.
& au fujet du *naturalifme menteur* des p. 63.,
Sphinx & des Sirenes. Cependant il
s'applaudiffoit de fes *opinions folitai-* Rel. p
res.

Il décidoit (& en cela il étoit *le* ibid.
proprietaire de fa décifion,) * qu'il
n'y avoit rien de fi lourd & de fi
pefant que le feu, que cet Element
étoit l'Element préponderant qui
tendoit toûjours en-bas : ce qu'il dé-
montroit invinciblement par deux
bougies allumées, dont il fouffloit
une, laquelle fe rallumoit étant po-
fée un peu audeffous de l'autre. Il
avoit auffi inventé une * machine
mirifique, pour faire entendre une
efpece de Mufique par les yeux,
c'eft-à-dire une Sonate de couleurs

---

* Syftême nouveau *de la Pefanteur.*
* V. les Mercures de cette année,

à fix parties. Le noir étoit la baffe; le blanc étoit le deffus ; le jaune, le bleu, le rouge & le vert étoient les parties intermediaires. La machine s'appella par lui *Claveſſin oculaire.* Il avoit envie auſſi de trouver le moyen de peindre le ſon par des images propres & immédiates & de dreſſer une ＊machine voluptueuſe pour ſatisfaire tout à la fois les cinq ſens de l'homme ; de plus, d'inventer une façon de voir ſans lumiere, &

p. 78. de faire un *Greffier ſolaire* qui marquât les heures pendant la pluye. Mais il ne put réüſſir à tout cela ;

p. 52. vû que ce ſont *œuvres improductibles à tout être borné.*

Il s'appliquoit auſſi à la Geographie, qui étoit tous les jours pour

p. 44. lui un *voyage ſedentaire.*, & à la Chronologie avec laquelle *il ſe promenoit.*

p. 96. par les ſiécles paſſés. Il ambitionnoit extrémement de devenir docte, de ſe faire un grand nom par une *pro-*

p. 36. fuſion érudite, & de paroître pendant ſa vie un prodige aux yeux même de ceux qui ſont diſpenſés d'admirer ; mais il ne faiſoit pas attention

＊ V. le Mercure d'Avril.

que *les grandes réputations sont pos-* p. 74. *thumes.*

Il faisoit donc assidûment sa cour p. 48. à *la Reine des Nations*, c'est-à-dire, à l'Histoire. Il lisoit tous les jours Plutarque ; il en compiloit *les pré-* p. 56. *cieux lambeaux* d'une façon également sublime & galante, & *remettant* P. 33. *dans leur emboëture naturelle les membres de l'Histoire Romaine* que cet ancien Auteur en avoit détachés, il en composa élegamment une grande Histoire merveilleuse des *Bourgeois* p. 14. *de Rome*, pour chatouiller le beau sexe par les oreilles ; & *l'enchassure* des grands traits de Cyrus & de Cle- p. 33. lie en augmentoit fort le prix : Ouvrage assurément très-précieux dans sa forme & dans son stile, plein de *figures lumineuses* & d'une *genereuse éloquence* digne d'un *Romancier de la* P. 44. *grande espece.*

Notre Philosophe *érudit* aimoit P. 36. beaucoup la promenade, étant persuadé que le mouvement des hommes contribuë à faire marcher le Soleil & tout le *Senat planetaire*, & qu'il *Fables* aide à l'action universelle de la na- *nouv.* ture. * Opinion certaine, quoique

---

* Système *de la pesanteur.*

p. 48. *solitaire*, mais depuis peu *élevée en honneur* par un très-judicieux perfonnage de ce temps. Cependant s'il aimoit la promenade, ce n'étoit pas celle des Tuilleries ou du Luxembourg, mais la promenade du quay de la Grenoüilliere, où il fe plai-

p. 35. foit à contempler l'*érection de plufieurs maifons* neuves, qu'on bâtit de ce côté, & la décompofition des anciennes qu'on abat, pour y en *ériger* d'autres en leur place. Cette forte d'*érection* loüable attiroit fes regards curieux, vû qu'il avoit du goût pour l'Architecture, comme pour tous les beaux Arts. Ainfi lorfqu'il fe prome-

p. 7e. noit en ce lieu, *il perçevoit les émolumens* de fon mouvement recreatif, &

p. 53. ne marchoit pas *à l'incertain*, comme

p. 90. la plùpart de ceux qui *fortent à la campagne*. Il fe promenoit donc volon-

Fables tiers & *prenoit* plufieurs fois dans la
nouv. femaine *fes repas d'air pur.*

Un jour qu'il s'amufoit mélancoliquement à regarder *faire des conf-*

p. 22. *tructions de batteaux*, (d'autres difent avec plus de vraifemblance qu'il s'occupoit à en voir faire les deftructions, & *déjoindre* les morceaux de bois raffemblés) un jour, dis-je, il *avifa* par malheur pour lui une jeune fille qui fe promenoit au bord de *p. 12.* l'eau, & par un *entraînement invincible* il en *tomba* auffitôt éperdûment *p. 34.* amoureux : l'amour étoit *a fes talons*, *p. 94.* & *travailloit* après lui de tout fon *p. 98,* pouvoir. La taille de cette jeune perfonne étoit fine & dégagée, fa bouche petite & vermeille, fon teint blanc & délicat, fes yeux vifs faifoient étinceler un je ne fçai quoi, qu'on pouvoit appeller *le luftre du brillant.* Cette fille paroiffoit pauvre, foit *p. 59.* qu'elle fût indifférente pour fa *décoration*, foit qu'elle n'eût pas la faculté d'être mieux habillée ; cependant « elle avoit le front ouvert & « ferein, malgré fes *détreffes* & fa pau- « *p. 29.* vreté. »

De tels *dehors* devoient paroître vils *p. 25.* & *peu chers* à Pantalon, mais les haillons ne rebuttent point un Philofophe. Il attribua à la parûre de l'ame le négligé du corps, & ne pouvant éteindre la flamme qui le dévoroit, il s'approcha d'elle & l'apoftropha de ce compliment délicat. « En « *Spect.* vérité, Mademoifelle, la nature ne « *Franç.*

» vous a rien épargné de tout ce qui
» peut inviter l'amour propre à n'ê-
» tre point modeste. » Ah ! que vous
p. 45. êtes *gracieux* répondit-elle ; on ne
sçauroit assés *gracieuser* une personne-
ne telle que vous , repliqua Panta-
p. 39. lon. *Votre figure est un fardeau de gra-*
ces nobles & imposantes : Helas ! reprit
la Demoiselle , *mes haillons ne font*
p. 45. *pas gratiables* ; encore si je m'offrois
à vous dans une propreté *qui mit ma*
p. 99. figure en valeur, je craindrois moins
d'encourir *la disgrace de votre imagi-*
nation. Que dites-vous ? repliqua le
tendre Pantalon:« Les habits superbes
ibid. » ne reprendront jamais sur mon ima-
» gination les droits que ma morale
» leur dispute. »

Hélas ! ajoûta-t-il , à quoi bon
dissimuler , l'amour vient de me
lancer un dard, non pas *un dard sans*
atteinte, mais un dard pénétrant;
Fab. *Taisés-vous , diras-tu ;* mais je brû-
nouv. le pour vous d'un feu dévorant, souf-
frés que je vous offre ce cœur qui
jure de vous être éternellement fidele, & en revanche *donnés-moi l'es-*
Inés. time & la tendresse. Vous m'aimés à
present, dit la prudente Demoiselle,

&

& cet honneur, s'il eſt ſincere, *re-*p. 88.
vendique ma reconnoiſſance ; mais qui
me répondra que je vous paroîtrai
toûjours aimable ? Vous ſçavez que
les fleurs deviennent foin, & que nos p. 40.
agrémens ſont fragiles ; il vient un
temps que nos charmes s'envolent ;
C'eſt *la fleur de péché qui déménage.* p. 26.
Puis-je m'aſſurer de *la figure que pren-* p. 39.
dront alors vos ſentimens, & prévoir
votre future façon de faire ? Car helas p. 11.
chacun ignore ſon avenir. L'Amant
pour marquer la ſolidité de ſon
amour, repliqua par ces vers.

> J'ai ſenti pour vous ſeule une flâme parfaite:
> Doris étoit ma derniere amourette,
> Vous êtes mon premier amour.

*Europe
gal.*

Après un entretien, comme on
voit, très-ſerieux, très-tendre, très-
conforme à toutes les regles du monde, très-bien *dialogué*, & qui fut aſ- p. 30.
ſurément bien plus long que je ne le
rapporte, Pantalon quitta ſa nouvelle
maîtreſſe, après l'avoir reconduite
chez elle. Il l'alla voir dès le lende-
main, & l'ayant trouvée ſeule, il la
conjura de *fondre* pour lui *les glaçons* *Odes
de ſon ame*, & de ceſſer ces * refus at- *mod.*

* Les Grecs appelloient cette ſorte de refus
ἀκκισμὸς. **L**

tirans, qui font aujourd'hui fi à la mode. Elle de fon côté *fe fit des reproches honoraires, & fa foibleffe s'en* *augmenta :* elle *implora le fecret* de fon Amant, qui le lui promit, en l'affûrant qu'il *chercheroit* ferieufement *fon hymenée.* Il fut cette premiere fois affés long-temps avec elle, c'eft-à-dire, autant que fon amour *le comportoit.* Un Amant ne s'en retourne pas fi vîte, quand l'*amour lui fait figne de demeurer.*

p. 49.
p. 51.
p. 50.
p. 20.
p. 99.

Combien de fois goûterent - ils dans la fuite la douceur d'un commerce commencé fous de fi heureux aufpices? Combien de parties de promenade ne firent-ils pas enfemble ? Combien de fois chanterent-ils enfemble, ces vers d'*Iffé.*

Sur ce gazon les ruiffeaux
Murmurent leurs amourettes,
Et l'on voit jufqu'aux ormeaux ,
Pour embraffer les fleurettes,
Pancher leurs jeunes rameaux.

Ou cet autre air

Que d'attraits que d'appas ! contentez-vous,
mes yeux,
Parcourez tous fes charmes ,
Payez vous s'il fe peut des larmes,
Que vous avez *verfé* pour eux.

Il y avoit deux mois qu'ils se voyoient tous les jours, sans craindre l'*insipidité* attachée à un commerce libre & fréquent, lorsque *le troisiéme mois rompit une si charmante union*, Pantalon se vit *barré* par un Rival audacieux. D'abord la fréquence des visites de cet inconnu l'allarma ; ensuite l'*envieuse jalousie* se joignant à l'envie jalouse, troubla son cœur, & *bouleversa tous les traits de son visage*. Quoi, dit-il, ma Maîtresse sera livrée *à la discretion de l'audace d'un temeraire* qui cherche à me suplanter ? Ingrate Maîtresse tu me trahis ! mais non ; on veut seulement que tu me trahisse. Je sçai discerner l'innocent du criminel : aussi *j'égalerai la peine au démérite*, je punirai la *scelerateße* du séducteur, & ma fureur sçaura *revaloir à ses desirs* l'affront dont ils me menacent : mon amour & ma colere *ne veulent point de demeure*, il faut me vanger sans délai. Il prit alors une résolution *outrément* vindicative.

p. 54.
p. 5.
p. 13.
Hist.
Rom.
p. 15.
p. 30.
p. 26.
p. 88.
p. 85.
p. 26.
p. 66.

Comme il étoit fort *dépité*, sa vaillance *s'échauffa*, de sorte qu'ayant quelques jours après rencontré son

p. 26.
p. 32.

p. 31. Rival, *je me fais* , lui dit-il, de tes affiduités auprès de Hortenfe *un droit* fur ton honneur & fur ta vie,

p. 62. & je vais te faire *mordre la poudre*. A l'inftant ils mirent l'un & l'autre l'épée à la main ; Pantalon tua fon adverfaire , & s'enfuit fans le *defar-*

p. 27. *mer* après.

La Déeffe à cent bouches alla bientôt vers la belle Hortenfe , &

p. 102. *vola lui dire fon nouvel Amant mort.*

p. 29. Qui pourroit exprimer fes *détreffes* en apprenant une fi déplorable nouvelle ? Qui pourroit dépeindre fon vifage frappé de defefpoir, *dont la*

p. 29. *rage défola les traits?* Malheureux Pantalon , difoit-elle, ta fureur trop délicatement jaloufe *a mis tes lumieres*

p. 32. *en echec.* Quelle *équipée* de tuer un

p. 38. homme ! Tu as porté *jufqu'à l'extrême* le tranfport odieux qui t'animoit , & tu n'as fuivi que *le confeil*

p. 49. *d'un honneur boüillant qui auroit eu befoin de Tuteur pour être fage.* Ingrat je t'ai trop aimé,

Et je veux m'en punir en m'impofant la peine
D'en aimer un autre que toi. *

Cependant on pourfuit le meur-

* Opera de Thetys & Pelée.

trier, mais par le crédit *d'un Puiſſant* p. 77.
qui le protegeoit , *il éprouve ſa gra-* p. 34.
ce. Cet ami qui étoit un Seigneur
de *la Cour des Ducs* & des Comtes, p. 24.
voulut dans la ſuite faire la fortune
de Pantalon, & *l'élever en honneur.* Le p. 48.
voici donc à la Cour , & devenu
Courtiſan. Quelle métamorphoſe !
Suivant les leçons que lui donna ſon
ſage & genereux Protecteur , il s'é-
tudia d'abord à flatter tout le monde,
& pour cela il lut avec une grande
attention un certain Livre d'Odes
modernes.

Il ſacrifioit tout *au reſpect des con-* p. 84.
venances , afin de n'être *prenable ,* p. 74.
ni dans ſes actions, ni dans ſes paroles ; il tâchoit de parler toûjours
candidement & en homme *pur de pré-* p. 16.
vention , ayant l'art *d'abandonner ſon* p. 78.
eſprit à ſon geſte naturel. Avant que p. 44.
de décider , il ſe faiſoit violence :
Genereux ami il *conſoloit les maux* p. 22.
des affligez. Ni *avantageux* , ni *hu-* p. 10.
moriſte ; il étoit complaiſant ſans être Homme
douceâtre ; il *s'uniformiſoit* ; il parloit *univ.*
avec franchiſe & noble ingenuité. Tou- p. 51.
tes ſes *idées* paroiſſoient *teintes de ſa-* p. 100.
geſſe , il fuyoit toute occaſion de *pi-* p. 71.

Rel. pr. coterie : liberal , il n'avoit point l'*efprit proprietaire* ; précautionné con-
p. 31. tre le *dol* si ordinaire à la Cour , il
étoit toûjours intérieurement sur le
prudent qui vive , & ne perdoit ja-
Odes mais de vûë *le sage Apropos.* En un
mod. mot il paroissoit judicieux & *juste à*
p. 16. vingt-quatre carats , & chacun con-
p. 48. venoit de l'*heroïcité de son mérite* ; cependant il visoit continuellement à
son enrichissement & à son élevation. On y parvient , disoit-il , par
la constance , c'étoit sur cette maxime qu'il perseveroit dans ses assi-
Heros. duités , & qu'*il mesuroit chaque jour*
l'exercice de son merite. Au reste , *il se*
déchargea pendant tout ce temps-là
du personnage de dévot , & ne fit que
celui d'homme raisonnable.

Ce fut alors qu'en bon Courtisan,
il publia des Lettres fameuses, où l'on
admira la force de son esprit géome-
trique & financier , dans lesquelles
il prétendit démontrer par A. & par
B. & par la methode de Descartes,
que le vrai moyen d'être riche étoit
de n'avoir ni argent , ni terres , ni
rentes, ni meubles, ni marchandises.
Il composa aussi une belle *Ode* sur le

même sujet, ouvrage dans lequel il s'embarqua,

    Tel qu'un Pilote téméraire.

Mais qui le croiroit ? Pantalon se dégoûta tout d'un coup du fastidieux genre de vie de la Cour , & regarda avec mépris l'enyvrement de ses esclaves. Quoi, disoit-il, être toûjours *à la dépendance d'autrui ?* Etre *un fidele* p. 26. *hôte d'antichambre ?* Etre sur pied du p. 49. matin au soir, & avec cela n'*étrener* p. 37. seulement pas : c'est ineptie, c'est p. 41. stupidité. Quittons la Cour, *rentrons,* p. 90. *dans nos foyers , allons en solitude ,* vengeons-nous de la fortune, & ne lui pardonnons jamais ses injustices; car il comptoit pour rien ses petits gages de bel esprit : revenu assés peu solide & trop attendu.

Pantalon ne songea donc plus qu'à se dédommager amplement de toutes les contraintes où il avoit vêcu , & de toutes les violences qu'il avoit faites à son naturel capricieux, pendant son séjour parmi les Grands. *L'intelligence lui vint* que l'homme p. 55. est né libre, il comprit la petitesse de la plûpart des Grands que le hazard a rendus tels , & à qui la nature a refusé la grandeur du génie, la grandeur des idées, la grandeur des sentimens, & qu'il faut néanmoins traiter de grandeur, parce qu'ils ont un grand pouvoir de faire du mal.

Notre Courtisan dégoûté & tout *dépité*, revint à Paris, bien résolu de ne plus forcer son caractére, & de s'abandonner à ses idées & à ses inclinations singuliéres. Il se mit d'abord à composer une Satyre contre les mœurs de la Cour, où ses *souhaits* n'avoient point été *exaucés*, & où la Déesse aveugle qui a le pied sur une roüe, n'avoit point été *prospere à ses desseins*. Son esprit avoit été extrémement *peiné* de la retenuë de sa langue, il perdit toute pudeur dans ses vers, & parla mal de celuici, de celui-là, *à tort & à droit*. Comme il y avoit *du saillant* dans la piéce, elle saisit d'abord les suffrages.

» Les Satyriques ressentent sur l'heu-
» re une satisfaction secrete d'un
» *coup de langue bien assené*, mais tôt ou
» tard ils se repentent *de s'être permis*
» *à la médisance.* » La piéce *outrément* caustique & injurieuse à gens respectables, non imprimée, mais

p. 26.
p. 91.
p. 77.
p. 69.
p. 9.
p. 87.
p. 8.
p. 66.

écrite d'*une main incertaine* (par un *p. 53.*
honneur fingulier) fut, dit-on, brû-
lée publiquement, mais *elle furvêcut p. 93.*
à la Flame , car il en refte aujour-
d'hui des copies chez les curieux. Il
avoit en effet *pouffé fa pointe* rrop loin. *p. 73.*
D'ailleurs la Satyre étoit pleine de
mauvaifes plaifanteries, qui étoient
de vifibles *negligemens de pinceau.* Le *p. 64.*
naïf fi difficile à attraper, & *qui s'ar-*
rache du creux de la cervelle , felon la *p. 63.*
penfée d'un grand Poëte, ne fe trou-
voit point en ce chetif ouvrage , auquel l'Auteur n'avoit affurément pas
donné *l'achevement* néceffaire, & le *p. 1.*
perfectionnement requis.   *p. 70.*

Mais je n'ai pas les yeux affez *con- p. 22.*
tempteurs , & ne fuis pas *partagé d'un*
efprit affés infortuné , pour porter le *p. 67.*
même jugement des autres Ouvra-
ges qui font fortis de fa plume. Ce
feroit *prêter ma confcience* que de les
vouloir *mettre au rabais.* Il compofa *p. 79.*
des *Odes* d'une Logique & d'une
Métaphifique admirable , des chan-
fons de table qui invitoient à boire
& à *fe preffer de l'exemple* , des Ope- *p. 75.*
ras épigrammatiques gracieufement
difloqués, des Poëmes épico-didac-

tiques, des Fables tirées des Etiques
d'Ariftote, des Tragedies neuves
p. 86. hardiment *fentimentées*, & enfin des
Enygmes qui furent fon dernier chef-
d'œuvre. Mais j'oublie la moitié
d'un grand Poëme à l'imitation de
Defmarets, Ouvrage qui lui acquit
toute la réputation de fon ennuyeux
devancier; un certain nombre d'O-
des qui auroient dû être affranchies
de la rime en faveur de la profe:
un *Recuëil* de *Poëfies diverfes*, de goût
pfeudomarotique, comme par exem-
ple, les chenets, les pincettes, les
charbons, les tifons, la fauffe-robert,
la ravigote, les vieilles pantoufles,
la vieille culotte, la vieille calote,
les andoüilles, les pâtez, le Meffa-
ger, le Fiacre, & autres poliffonne-
ries qu'il publia fans façon, en *fe*
p. 98. *fauvant des chofes dans le travail de*
les rimer : Recüeil, qui dès qu'il parut, fut attribué, comme Oeuvres pof-
tumes, à un fameux Rimeur, qui a il-
luftré la Livrée d'un grand Magiftrat,
& a fouvent fait retentir de fes doux
accens les nobles échos du Pont-neuf.

Il s'acquit une grande gloire à
mettre les Effais de Montagne en jo-

lis Dialogues *mortuaires*, & le grand *p.* 16.
fyftême Copernicien en petits pro-
pos badins & galans. Il faifoit très-
bien fon profit des Ouvrages & inventions d'autrui. Par exemple, ayant
lû dans Segrais cette Piéce adreffée
à une Dame :

> Quand à mon efprit je propofe
> Qu'il vous faut faire ou vers ou profe,
> Soudain il s'y difpofe,
> Et ne trouve rien de plus doux.
> Si pourtant â votre courroux
> Souvent fa pareffe m'expofe,
> Savez vous quelle en eft la caufe?
> Il s'amufe à penfer à vous;
> Et ne veut plus penfer autre chofe.

Notre ingénieux Auteur la retour-
na ainfi & la publia fous fon nom,
fans indiquer la fource : vû qu'à la
place du fentiment il avoit fubftitué
la *faillante* antithéfe.

> Je veux chanter en vers la beauté qui m'en-
> gage,
> J'y penfe, j'y repenfe & le tout fans effet ;
> Mon cœur s'occupe du fujet,
> Et l'efprit laiffe là l'ouvrage.

Il eft inutile de faire mention de fa
belle piéce de *la Macreufe* qu'il mit
à la queuë de 4. Epîtres heroïques
qui furent trouvées auffi plates que

ſes Eglogues ſemblerent ingenieuſes.

Il publia auſſi des *verités ſatyri-
ques* en forme de *Dialogues*, où il
trouva l'art de mettre avec quelque
eſprit les choſes les plus baſſes & les
plus fades dans la bouche de ſes ba-
billards interlocuteurs. Ouvrage trou-
vé digne de l'Auteur des *pincettes*.

Il rodoit ou plutôt ſéjournoit dans
les Caffez ſçavans, & là ſe plaiſoit à
controverſer & *differter* chaudement,
en eſprit conſéquent & diſcipliné: Il y
crioit de toute ſa force & employoit
volontiers à la défenſe de ſes opinions
p. 80. hyperboliques, les privileges de ſa
poitrine inalterable. *C'eſt qu'en affai-*
p. 97. *res de raiſon, ſi l'on ſe ſent fort, il faut*
ſe battre, & repouſſer les attaques
p. 85. par des réponſes *tranchantes*. Il parloit donc toujours aſſertivement. En
p. 99. ces occaſions *une certaine audace lui*
rioit & le vangeoit quelquefois du
peu de cas qu'on ſembloit faire de
p. 52. ſes raiſons *improbables*. Il prenoit alors
p. 85. *des airs d'importance momentanée*, afin
Rel. que *les reſpects* de l'ignorance *mar-*
prouv. *chaſſent à ſa ſuite*. On avoit beau tenter de le *remettre ſur les voyes à la*
p. 103. *pourſuite de la verité*, il jugeoit de
tout

tout souverainement & sans appel,
« parce qu'il faut qu'un homme « *p. 84.*
d'esprit juge, ne fût-ce que pour «
mettre son orgüeil en possession «
du respect que ses amis auront pour «
ce qu'il pense, & qu'enfin il est «
comptable à l'attente où ils sont «
d'une décision quelconque. »

Il préferoit hautement les modernes aux anciens, & le *beau* contem-
porain au *beau* antique , au vieux
beau. Il appelloit le Poëme d'Homere *le beau monstre* , ou *le monstre*
Grec , qui n'étoit, disoit-il, admi- *p. 105.*
ré que par de *pieux Fanatiques , qui* *ibid.*
lisoient leur texte divin avec une foi vi-
ve. Pour lui il n'en étoit point du *ibid.*
tout *affecté.* L'autorité *traditionnelle* *p. 91.*
n'avoit aucun empire sur son esprit,
& il *redressoit* sur cela l'*estime* des *stu-* *p. 81.*
pides érudits. Il disoit joliment à ce
sujet qu'il aimoit mieux *se desalterer*
dans les rigoles , que dans les eaux *p. 87.*
des grands fleuves , où l'on court
trop risque de se noyer.

Un jour en prenant du tabac , il
dit d'un ton familier, Le Tabac par «
lui-même ne fait point de volupté, « *p. 94.*
il cause seulement à l'ame une mo-«

M

» dification douce, qui par des secouf-
» fes variées l'agite & la tire de fon af-
fiette. Il appelloit poëtiquement la ra-

p. 79. ce humaine *la fervante de Jupiter*, &
foutenoit que nos ames étoient des
intelligences punies. « La grandeur de

p. 81. » fes idées *réflechiffoit fur fa fubftan-*
» *ce penfante*, & la remuoit d'un fen-
» timent d'élevation perfonnelle. »

Fab. Tout homme *de quelque fens éclai-*

nouv. *ré* devoit penfer comme lui fur toutes chofes. Dans le fond il penfoit
naturellement, en ce qu'il *reffoit*

p. 90. *dans la fingularité d'efprit qui lui étoit*
échue. Il aimoit fort les Tragédies

p. 88. de C. « Les fcelerats, difoit-il, qu'il
» a mis fur le Theatre excitent vo-
» tre horreur & revendiquent votre
» admiration ; vous leur voüez vo-
» tre haine en leur prodigant vos
» refpects. » L'harmonie des vers
étoit, à fon avis une vraye puerili-
té, parce qu'*un Poëte n'eft pas une*

éloge *flute,* & on ne devoit, felon lui, n'a-
Moncril. voir en vûë que l'agréable & le con-
vainquant.

Que dirai-je des Traductions de
notre admirable Pantalon ? C'eft-là

p. 54. que brilloit fon *efprit ingenieux* & fon

rare fçavoir. Comme il *écrivoit de* *fource,* les Commentaires, les Remar-p. 91. ques critiques, hiſtoriques, geogra- phiques, topographiques, chrono- logiques, phyſiques, & politiques, ne lui coûtoient rien,& par ce moyen il érigeoit fans peine les plus petits Livres en volumes *in folio.* Effet fur- prenant d'un travail infatigable, qui inondoit le Public curieux d'écrits de toute efpece, & le régaloit de tems en tems de Souſcriptions per- duës.

Il traduiſit Lycophron en françois, & le rendit très-clairement, quoique cet Auteur paſſe pour *intraduifible :* p. 53. on peut dire même que cette Tra- duction fut très - *ambitieufe.* Voici p. 97. comme il s'y prit en homme *avanta-*p. 10. *geux.* Il crut qu'il falloit *mettre les* *penfées* de Lycophron *au large & à* *l'aife,* vû qu'il eſt trop envelopé p. 4. dans fon ſtile, & pour cet effet il ima- gina de rendre exactement chaque ligne par une page, & de mettre arithmetiquement dans fa Traduc- tion autant de pages qu'il y avoit de lignes dans l'Original ; ce qui joint à de jolis Commentaires qu'un bel esprit *versé dans les bonnes Lettres* lui avoit fournis, forma un très-beau Livre, qui parvint à la beurriere au bout de six mois complets, & fut par elle très-bien débité, n'ayant pas long-tems *rempli tristement un vuide parmi les Livres achetés au vo-lume.*

p. 103.

Pantalon-Phœbus travailloit aussi pour des Gazettes Litteraires. C'est-là qu'il repliquoit à ses adversaires,

p. 94.

& *terrassoit leur insolence* par belles injures, belles invectives, beaux quolibets, belles pointes, belles réflexions, & qu'il parfumoit d'un encens charitable tous ses glorieux Consors injustement vilipendés. Au-surplus il y paroissoit bon Critique. *Il se tuoit à trouver dans les autres de quoi blâmer, & le trouvoit très-bien.*

p. 87.

Il étoit persuadé que *ses vers étoient honnêtement saupoudrés de sel attique,*

p. 100.

& que *sa versification étoit pensée.* Lorsqu'il mit au jour, l'an de grace 1715. le Recüeil de ses *Poësies diverses*, il jugea à propos de le décorer d'un grand discours, sous le titre d'*Avertissement du Libraire*, dans lequel il apprit modestement au Lecteur grosfier, par cet organe commode, le cas qu'on devoit faire de ses écrits enjoüez, & à tous les Auteurs en general la façon de se loüer sans mesure & sans rougir, en dépit des Connoisseurs. Ceux-ci avoüerent qu'il versifioit copieusement, & qu'il ne manquoit à son stile *verbeux* que du goût, de la grace & du sel. Au surplus les bonnes gens de Province, achetant ledit Recüeil, firent valoir *la Muse polliçonne*, à la barbe de *∗ l'Eleve de Terpsicore.*

Il composa un petit Poëme sur *l'Urbanité*, qui fit dire à un bel esprit *qu'elle étoit autant l'Auteur que l'objet* p. 104. *de l'Ouvrage.* Enfin dans tous les Livres qu'il a mis au jour, on peut *Eloge* dire *qu'il a servi le Public à toute ri-* de Mr. *gueur;* c'est-à-dire qu'il a fait de son Guillel- mieux. mini.

Comme il étoit devenu Nouvelliste au suprême dégré, il alloit d'ordinaire le soir au Luxembourg, où s'attroupoient soudain autour de lui les politiques du quartier. Avec eux il *politiquoit* profondément, & se li- p. 74 vroit *à l'arbitraire des conjectures.* Ce p. 6.

∗ Satyre de M. de Boissi.

M iij

p. 66. n'étoient point *fadaifes parafites* qu'il débitoit, ni petits *bruits* de Paris qu'*il recoufoit*, mais chofes ferieufes

p. 15. & d'importance extréme. Tantôt c'étoit un violent orage qui avoit ou-

p. 80. vert *une ravine*, tantôt c'étoit un gros temps qui avoit fait périr un petit bateau, lequel n'avoit pu *rom-*

Fab. *pre les flots*, parce que *la face de la*

mod. *riviere* s'étoit horriblement *ridée.*

p. 40. Tantôt *la foudre partie de la nuë* avoit déchiré je ne fçai quoi ; de forte qu'*il s'en alloit par lambeaux*, qu'une table en avoit été *terraffée*, & un *chien frapé à mort.* Tantôt la Loire s'étoit fort débordée depuis fa

p. 95. *fecouffe* jufqu'à fon embouchure. Il faifoit de tout cela des tableaux *plai-famment formidables.* Il raifonnoit à merveille fur la guerre, & faifoit le portrait des Generaux d'armée,

p. 47. *à qui les hauts faits font commis*, com-me s'il eût fervi fous eux toute fa vie.

Il fe trompoit quelquefois, mais ce qu'il racontoit étoit très-fouvent vrai, car *les mains* d'un Nouvellifte ne font pas toujours *contagieufes*, com-

p. 22. me *celles d'un Poëte.* Il cenfuroit li-

brement, parmi ses semblables à per-
ruque rousse, tout ce qui se passoit
dans l'Europe. Car « rien n'est plus «
vrai qu'un homme oisif se plaît à « *p. 85.*
disputer son estime à la conduite «
des personnes en place. Il entre «
dans les dégoûts qu'il prend pour «
elles certaine audace qui lui rit, «
qui le vange de son peu de relief, «
de l'inaction dans laquelle il passe «
la journée , & lui donne je ne sçai «
quel air d'importance dont il s'a- «
muse. »

Il disoit que les génies éminens
ne devoient jamais être employés
dans les affaires, & qu'*un génie medio-* Homme
cre reussit toujours à un poste, où un univ.
génie éminent est embarassé, & il ajoû-
toit que pour cette raison il n'avoit
jamais voulu accepter les grands em-
plois qui lui avoient été offerts;
d'ailleurs, continuoit-il , je suis né le
plus humain de tous les hommes ,
& *ce caractére a toujours présidé sur*
toutes mes idées. Quelquefois « on « *p. 75.*
cherchoit noise à la bonne opinion « *p. 64.*
qu'il avoit de lui-même , & on «
sembloit accuser d'abus le plaisir «
qu'il avoit de croire son mérite sans «

• reproche & fans pair. • Mais fans fe
déconcerter il entendoit raillerie & *ré-*
p. 89. pondoit toutes les difficultés, & par cette
p. 62. conduite il *moiffonnoit* beaucoup
de gloire. « Les efprits les plus extra-
• ordinaires, par le commerce qu'ils
• ont enfemble , contractent je ne
p. 61. • fçai quoi de liant *qui les mitige.* •
Auffi dés qu'il paroiffoit, on le prioit
inftamment de parler , d'*ouvrir fa*
ibid. mémoire, & de raconter ce qu'il fça-
voit, & on l'écoutoit toujours avec
une refpectueufe attention.

Un jour au mois de Juillet étant
environné d'une infinité de Nouvel-
liftes politiques au Luxembourg : Je
vais , dit-il , Meffieurs, vous dire la
nouvelle la plus certaine , la plus
incroyable, la plus furprenante, la
plus inouïe, la plus choquante , la
plus réjoüiffante , la plus fâcheufe,
la plus ridicule , la plus extravagan-
te, la plus importante , la plus in-
terreffante , la plus refpectable , la
plus impoffible, & pourtant la plus
véritable. A ces mots le pauvre Pantalon-Phœbus fut frappé d'un coup
de foleil, & mourut fubitement. On
n'a jamais fçu la nouvelle.

Telle fut la fin inopinée de cet homme célébre ; mais en mourant il ne fut pas pour lui-même *la Par-* que *de son immortalité,* & Phœbus en lui arrachant le jour ne lui arracha pas la gloire , car son nom vivra à jamais , & le célébrité de ses Ouvrages ne permettra pas à la *Déesse à cent bouches* de le laisser dans l'oubli.

p. 67.

 Voici les Oeuvres qu'on a trouvées après sa mort dans son Cabinet, & qui verront incessamment le jour.

 Septiéme Tragédie *d'Oedipe , selon les Regles nouvelles du Theatre.*

 Heures en vers à l'usage des Poëtes dévots. Item , *Noëls, Cantiques ou Cantates spirituelles.*

 Eloges funebres de plusieurs Hommes illustres , d'un stile enjoüé & épigrammatique.

 Nouvelle Traduction de Saluste, avec des Notes Cosmographiques & énigmatiques qui composeront cinq volumes in-folio , forme d'Atlas. (Certains Libraires l'imprimeront par Souscription, supposé qu'il ne vaille rien.)

 Systême nouveau sur toutes choses,

ou la défaite du Sens commun par le
Paradoxe.

L'Art d'ecrire en François, pour n'ê-
tre entendu que des Allemans.

Le Secret de parler vers en profe,
& profe en vers.

Recueil d'Enigmes , Rebus , Logo-
griphes , Ballets , Amplifications de
Rhetorique , &c. pour former le goût de
la jeuneffe nouvellement fortie du Collége.

Differtation fur la multitude des
mauvais Livres , pour en augmenter le
nombre , en prouvant que c'eft une chofe fort utile au Public malgré le préjugé
vulgaire.

Lettres Galantes du Chevalier ** à
l'ufage des beaux-efprits de la Province,
pour fervir de 2. tome à celles qui ont
déja paru.

La Torpille du Parnaffe, ou le Poëte
ci-devant à la mode.

Oraifon funebre de trois grands Auteurs morts de leur vivant , avec leur
apothéofe en profe rimée.

Arlequin Métaphyficien, Comedie.

Parallele du Théologien brillant &
de l'Hiftorien précieux.

Syftême incompréhenfible d'un Philo-

*fophe Gafcon, fur l'ordre & le mouve-
ment des parties du monde, & fur la
gravité des corps.*

Le HEROS des Traducteurs, ou l'Auteur Efpagnol tourné en françois & en
ridicule.

Traité du Je ne fçai-quoi, où l'on
démontre que c'eft la Perfection de la
Perfection, & le Luftre du Brillant,
avec une appendice, où l'on fait voir,
qu'Oudin & Sobrino n'entendent point
l'Efpagnol.

La Femme fage, c'eft-à-dire, la Femme univerfelle : Suite de l'Homme univerfel de Gracien, ou de l'el Difcreto.

Traité de la Critique prudente & charitable, & des moyens d'en profiter.

F I N.

E R R A T A.

Préface, p. 13, l. 7, me fçauront, *lifez*, ne me
fçauront.

Ibid. p. 14. l. 11. J'étoit, *lifez*, J'étois.

Pag. 119, à la marge, Spect. François, *lifez*,
Epitre dédicatoire de la Comedie de *la double
Inconftance*, à Madame la Marquife de Prie.

Pag. 131, l. 16. Et ne veut plus, *effacez* plus.